採用側のホンネがわかる

これ1冊でOK!

就職面接完全対策集

キャリアコンサルタント 渡部 幸

大和書房

あー面接って
難しいね！
なかなかうまいこと
言えないよ
わかる…私この前の
面接官が怖そうで
頭が真っ白に
なっちゃって…
ゴゴゴ
……
えっと…
10秒フリーズ
うん
うん
オレは途中で自分が
何を話してるか
わかんなくなっちゃう…
フー…
私の強みはああでこうで…ええと…
??
私は志望する
業界が決まって
なくて
志望動機を
うまく答えられ
ないんだよね～
ムム…
そう！
オレも専攻
違うし
きっと突っ込みが
入るんだろうなって
思ってドキドキ
しちゃう

みんな悩んでいる
みたいですね！
これまでたくさんの
学生さんの就職活動を
サポートして
感じたことがあります
渡部先生！
渡部 幸先生
みなさんは様々な世代の人と
「話す」
「コミュニケーションをとる」
という機会がとても少なくは
ありませんか？
図星
ゴ
ニヒヒ…
面接の重要事項は
3つ！
こちらを見て
行きましょう！

POINT 1
面接には「練習が必要」ということ！
スポーツだって試験だって練習せず本番には挑みませんよね
た、確かに…
じっくり時間をかけて書くエントリーシート（ES）と違ってその場で考えながら伝えていかないといけません
ES
そっか…だから「声に出して話す」練習が必要なのか…
その通り！
POINT 2
次に「伝えたい内容の準備」が大切です
自分はどんなことが言いたいのか中身を考えて表現してみること
ギョ
ギョ
伝えたい内容…!? 覚えるってこと!?

もちろん
完全に覚える
必要はなし！
「こんなことを
伝えよう」と頭の中で
整理しておきましょう！
なるほど！
3つめは
「採用側つまり面接官は
何を知りたいのか
理解すること」
がポイント！
それがわかれば
面接準備も
やりやすくなると
思いませんか？
知りたいナ…
面接官の
キモチ
確かに…
面接官が何を知りたくて
質問してるのか
考えたことなかったかも…
OH…
やみくもに
話してた
気がするね…
大丈夫！
逆に言えば準備と
練習さえすれば
面接は得意に
なれるもの
さっそく
やって
いきましょう！

Part 2 面接の流れをつかもう

Part 3 面接の準備・練習

Part 4 業界・企業・職種研究

▼おもな業界の特徴▼

Part 5 よくある質問と答え方

Part 1

最新の面接事情を知ろう

そもそも面接とは
1 どんなものなのか
2 何を目的にしているのか
3 何をポイントにしているのか
そもそも面接って何でしょう？
まずはそこを整理してみましょう
ウン ウン
確かに採用で面接試験をしない企業はないね…
言われてみればなんで面接するんだろ？
フム
うーん…感じがいい人か見るため？
会社に合う人か見極めるため？
経歴は書類を送っているからわかるもんね
マジ?
わかった一緒にいて楽しいやつかどうかだ！
なんてな〜
ウフフ
みなさん当たらずとも遠からず！

書類では
わからないことを観察し
応募者はどんな人物なのか
この企業で一緒に働きたいと
思えるかを把握するために行う
それが
面接です！
で、でも…
どのような人物
かって漠然と
してませんか？
面接で本当に
わかるんで
しょうか…
おず…
確かに！
ではみなさんが
イベント活動等をするとき
どんな人なら一緒に
やりたいですか？
それって
書いたものを
読むだけで
わかりますか？
えっと…
協力して
くれそうな人？
動いてくれ
そうな人とか？
…確かに履歴書を
読むだけじゃ
わからない
部分ですね
そう、企業も
一緒なんです！

みなさんが入社したら
具体的に仕事をしてもらうし
業績も上げなければいけない
からこそ
売上
●行動してくれそうな人か
●前向きな意欲がありそうな人か
●コミュニケーションをとって
協力しながらやりそうな人か
●その企業に必要な能力が
ありそうな人か
書類だけでは
わからないことを
実際に会って
確かめたいのです
でも…！
必要な能力が
あることを
どうやって伝えれば!?
そもそも
そんな能力自分に
あるのかな!?
うんうんうんうん
うん
だからこそ
応募する企業が
どんな人に
来てほしいのか
をまずよく調べること

研究
ボランティア
サークル
そして どんな経験をしてきて そこからどんな力を 身に着けてきたのか 掘り下げてみる ことも大切！
オレは 畑違いの 専攻だけど
それでも通用 するのかな…？
そっか…自分が してきたことを 整理するのか
でもそこまで すごいことは してませんが…
大丈夫！ まだ学生で、なんでも できるわけではない ことは採用側も わかっています
その中で自分のことを わかってもらえるように 話していくことが 大切なんです！

Q. 面接で採用側は私たちの何を見ているんですか？

A. 就職後、「どのように行動して働いてくれそうな人なのか」を見極めるための材料を、主に以下のような点から観察しています。

1 「この人に何ができるか」「この人はどう思っているか」

面接は、みなさんが就職後に企業で仕事をするときに「どのように働き、この企業で役に立ってくれる人なのか」について、採用側ができるだけ具体的にイメージするために行われます。

まず、どの企業も知りたいことは

✓ **この人に何ができるのか**

✓ **この人はどのように考え、何を大事だと思っているのか**

の２点です。

面接では「今までどのような経験をしてきたのか」「どんな活動で何をどのようにしてきたのか」よく聞かれますね。それは、みなさんの過去に興味があるのではなく、以前の経験で大変なことに対して頑張った体験があると、仕事に就いてからもそこで得たスキルや物事に向かう姿勢は活かせるのではないかと考え、質問しているのです。

また、「そのゼミを選んだ」「そのアルバイトをやってみようと思った」「そのサークルを選んだ」といったみなさんの行動の前には、

✓初めてのことにチャレンジしてみたかった
✓人と話すことが好きなので活かせるアルバイトを選んだ
✓高校までずっと野球をやっていたので大学でも続けようと思った

などのような「やりたいこと・興味」や「やってみようという動機の元になった思いや価値観」があったのではないでしょうか。

それはよい悪いではなく、人によって違うので、個人個人の人となりや個性を形作っています。一生変わらないものではありませんが、大学時代の今みなさんが思っていることは、これから始まる入社後の仕事生活でも引き続きみなさんの心にあり、みなさんの行動の要因になっていくでしょう。そのため、採用側は、その部分も大切だ、知りたい、と考えています。

ですから、面接での質問の答えの中には、

✓この人（私）に何ができるのか＝つまり、今までどのような活動にどのように努力してどんな行動をしてきたのか
✓この人（私）はどのように考え、何を大事だと思っているのか＝なぜその活動をしようと思ったのか、どんな思いで努力してきたのか

の２つの内容を必ず含めるように話をしましょう。もし、エントリーシート（ES）や履歴書の段階でそこまで掘り下げていなかったなあ…と感じる人は、面接で伝えられるように、もう一度「自分について深掘り」を行ってみてください。

2 会話のキャッチボール能力

面接で観察されているのは、応募者が話している内容面だけではないことはみなさんもうおわかりだと思います。

マイナビキャリアリサーチの2023年卒企業採用調査によると、企業が面接で注視している特に重要度が高いものの1位はコミュニケーション能力（46.5%）、3位は明るさ、笑顔、人当たりのよさ（43.0%）です。この順位は他の様々な調査でもほとんど変わりがありません。

書類選考では応募者の人に対する実際の対応力を知ることはできませんので、オンラインであったとしても、実際に応募者と会って話すことができる面接で「どのように会話をする人なのか」しっかり見極めをしたいと採用側は考えています。

入社して仕事をするようになったとき、

- ✓相手の話をよく聞き、話を理解して業務を行うことができること
- ✓仕事で関わる周囲の人（上司、先輩、同僚、お客様など）にきちんと報告や連絡、相談などの話ができること
- ✓周囲の人とよい人間関係を作ることができること

といったコミュニケーションの力は、やはり仕事を成し遂げるためにとても重要なポイントです。

そのため、採用側は面接という場でこの学生が会話のキャッチボール（聞く、話すのやりとり）をスムーズに行えるかについても、仕事の場面などをイメージしながら確認をしているのです。

3 論理的思考力

共感的に聞き、話す力に加えて、さらに

✓短い時間で相手が理解できるよう質問されていること（結論）から話す
✓なぜそう言えるのか、根拠となった理由や具体的な例を話す

といった論理的な思考力を伝えることも必要です。

みなさんはこれから社会に出て、ビジネスの現場で働いていくことになります。限られた時間の中で、目標や期限がある課題に対してできるだけ成果を出していくことが求められます。もしかしたらリモートワークの環境で働く事になり、かつてより先輩や上司と話をする時間が短いかもしれません。自分自身で解決策やよりよい決断を考える必要も出てきます。

そのため採用側は面接の中で、順序立てて、わかりやすく話をすることができるかどうか、自分なりに自分の考えを論理立てて説明しようとしているか、という点に注目しているのです。

もちろん、質問の内容によって細かい部分は違ってきますが、次のような流れで話すよう準備しましょう。

①結論（質問されていることに対する答え）
②なぜそう言えるのか、なぜそのように考えたのか（根拠）
③例えばどのようなことなのか（具体例）
④この経験から学んだこと、得られたこと

4 応募企業に興味を持ち調べてきているか

面接で企業が特に知りたいと考えていること、重要視していることがもう１つあります。p20で紹介した調査で企業が面接で重要視している項目で、２位は「入社したいという熱意（43.7%）」です。

実は、多くの企業が、せっかくよい人材だと思って内定を出しても、他の企業に行ってしまい辞退されてしまったという苦い経験をしています。予定していた人数を採用できないと企業のビジネスに支障が出てしまいます。

また、入社してもその企業への興味が少ない、ここで頑張って働いていこうという意欲があまりない、その企業の漠然としたイメージだけでよく調べていない、などという場合は「思っていたのと違う」と短期間で退職してしまうケースも出てきます。みなさんにとっても、これは避けたいことだと思いますが、採用側としては、なるべくそういったミスマッチを防ぎたいのです。

そのため、

✓業界ではなく、この会社に興味を持っているかどうか
✓自分がこの会社で働くというイメージを具体的に持てているかどうか
✓自分なりにこの会社について調べ、先輩に話を聞くなど理解しようとしているかどうか

を面接で見極めようとしています。「どの企業の説明会も同じだ」などと思わずに、同じ業界の他社とどのように特色が違うのか、自分なりにしっかりと調べてから面接に臨むようにしましょう。

対面・オンライン両方に対応を

新型コロナウィルス感染拡大が始まった時期から、新卒の就職活動もオンラインで行われることが非常に多くなりました。今後も、オンラインの使用は続いていくでしょう。

企業側にとっては、

✓企業側も学生側も移動時間などの時間短縮につながる
✓地方の学生が参加しやすいので対象者が増える
✓会社説明会などはリアルタイムではなくても後で動画で見てもらうことができるため、より多くの学生に参加してもらいやすい
✓リモートワークで仕事をしている人も多いため、企業側もリモート環境のまま説明会や面接などを実施しやすい

といったメリットがあるためです。

その一方で、対面の説明会や面接をせずにオンラインだけで実施することには、デメリットも多くあると企業側は感じています。

例えば

✓オンラインの説明会ではビデオオフの参加が主流で学生の反応がわかりにくい
✓動画視聴のみで応募してくる学生もいるため、自社への志望度が低い印象がある

✓対面の合同説明会などのように、その場での出会いをきっかけに興味を持ってもらうことが難しい
✓オンライン面接だと学生の表情、反応から熱意や意欲が伝わりにくい
✓オンライン面接の印象と実際に会ったときの印象が大きく違う人がいる

などです。

新型コロナ感染拡大による直接的な影響を受けた21年卒、22年卒の就職活動では、最終試験まですべてオンラインで一度も対面したことがなく内定を出した企業も多くありましたが、今後は少なくとも最終面接については対面で行う企業が増えていくと予想されます。

今後は以下のような流れになっていくでしょう。

✓説明会はリアル開催、オンライン開催、動画で視聴も可能、とハイブリッドの形で実施
✓１次面接はオンライン実施が多い
✓２次面接はオンライン、対面と企業によって分かれる
※企業の規模、採用人数によって３次、４次面接…と続く場合もある
✓最終面接（３次）はほぼ対面での実施

また、みなさんもオンライン授業や対面でのグループ活動などでの「相手から受ける印象の違い」や「集団での話し合いに意識する点の違い」を感じたことがあるのではないでしょうか。

対面の面接とオンライン面接には、共通の重要ポイントもありますが、それぞれについて違う準備や練習、対策をとる必要があります。共通点、違う点を確認していきましょう。

服装チェック
（対面時・オンライン時）

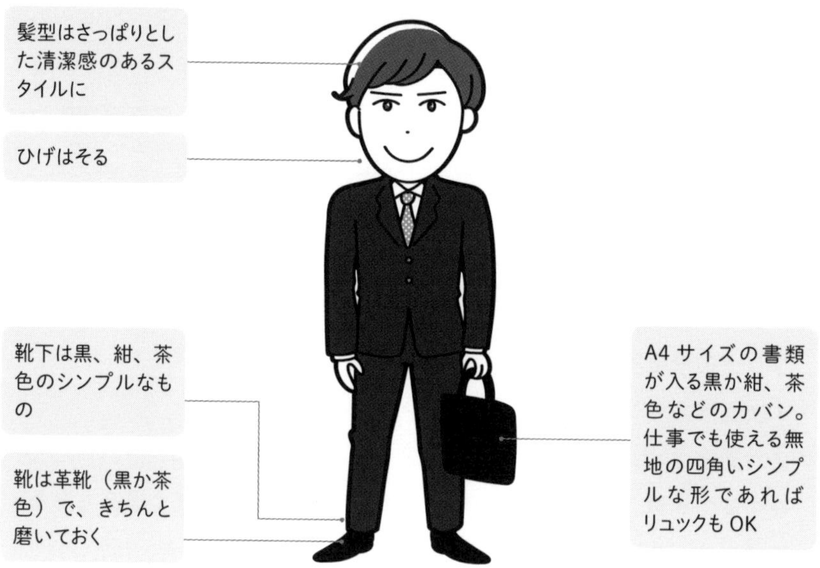

しわがなく、アイロンがかかったサイズに合ったスーツ、シャツを着用しましょう。ジャケットのボタンは一番上をしめるようにします。

黒、紺、チャコールグレーなどの色のジャケットにレジメンタルタイなど、きりっとした印象のネクタイを曲がらないようにきちんとしめます。ワイシャツは白かほぼ白に近い薄いストライプにしましょう。

Q：スーツではない服装はダメですか？

A：WEB業界など比較的カジュアルな服装もOKな業界、アパレル業界のように服装のセンスも基準になる業界は、自分の考えでネクタイをしない、なども可だと思います。スーツにネクタイが最も無難ですが、斬新なアイデアを求める仕事に応募するのか、幅広い年齢の人に好感を持ってもらいたい仕事に応募するのか、考えて決めましょう。

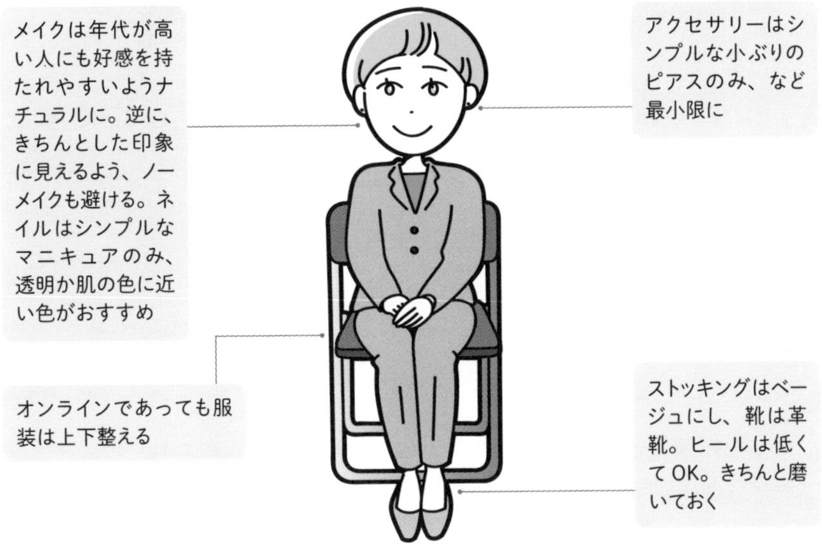

肩幅などが自分に合ったスーツを着用しましょう。色は黒、紺、チャコールグレーなどに。パンツでもスカートでも構いませんが、スカートの場合はひざが隠れる程度の丈のものにします。シャツ、ブラウスは無地の白かアイボリーのものがおすすめです。

オンラインでは胸より上しか画面には映りませんが、荷物が届くなど急に立つ場合もあり得ます。きちんと下半身まで服装を整えましょう。

Q：髪が長い場合はまとめないといけないでしょうか？

A：シニョンのようにする必要はありませんが、表情が見えやすいように前髪は目にかからないよう分けるほうがよいでしょう。お辞儀したときに長い髪が顔にかかってしまわないようにサイドを止めるなど工夫します。

Q. オンラインの面接では、カメラはオンですよね？

A. 相手に自分をよく知ってもらうことが目的ですから、ビデオカメラはオンにします。緊張するかもしれませんが、しっかり準備すれば大丈夫です。

1 機材などのセット

大学の授業などで使用している人も多くいると思いますが、オンライン面接では通信をスムーズに行えるようにするための機材や準備が必要です。

パソコン

企業側から説明の資料などを共有されることもあるので、スマートフォンやタブレットよりも共有画面が見やすいパソコンが望ましいです。カメラ内臓ではないパソコンの場合は、外付けカメラを別に用意します。

マイク

ほとんどのノートパソコンには内蔵されているので、それで問題ありません。デスクトップパソコンやマイクが内臓されていないパソコンの場合は別に準備が必要です。

通信接続の設定

有線LANを使うと通信は最も安定します。難しい場合は、自分の部屋の中の Wi-Fi の通信状態が安定している場所を探しておき、そこで面接を実施するようにします。スマートフォンでのテザリングは途中で通信が切れることがあるのでおすすめしません。

イヤフォン・ヘッドホン

相手の声を集中してよく聞くことができるので、どちらかを使用するほうがよいでしょう。ワイヤレスのイヤフォンは途中で通信が途切れることがありますので、有線でつなぐものがよいでしょう。

ライト

部屋の明かりが自分の後方にある場合などに、画面に映る自分の顔が暗く映ってしまうことがあります。パソコンの後ろに小さなライトをつけると表情が明るく映るようになります。

アプリケーション

企業によってオンライン面接で使用するアプリケーションは違っています。Teams、Zoom、Google Meet、などがおもに使われるツールです。通常メールで面接実施の URL の連絡があり、当日はそこをクリックすれば入室できますが、事前に指定されたツールのアプリケーションをインストールしておきましょう。ブラウザから入室するよりも通信状態が安定するためです。

インストールは無料でできます。また、ツールは時々アップデートされます。相手側と同じバージョンのほうが望ましいので、面接直前にアップデートを確認し最新のものにしておきましょう。

2 背景や環境の準備

面接はビデオカメラオン、音声もマイクオンで行いますので、余計なものが映ったり聞こえたりしないような環境を事前に整える必要があります。

背景について

雑然とした片付いていない部屋が見えないように、自分の後ろ側に映るものは整理しておきましょう。白い壁やカーテンなどの無地に近い背景が一番望ましいですが、通信状態の安定する場所が最優先です。Zoomなどのツールによってはバーチャル背景を使うことができますが、宇宙や海の写真など面接にはそぐわないような背景はおすすめしません。様々な家具が映っても整頓されていれば問題ないので、なるべく使わないように、ぼかしの使用程度にしましょう。

音の聞こえる環境について

面接ではミュートを解除し、話をすることが求められます。周辺の音が入ってしまいますので、同居している家族がいる人は、その時間に音を立てないように事前にお願いをしましょう。中にはカフェで面接を受ける人がいますが、他の人に内容を聞かれる場所での実施は絶対にしないようにします。また、宅配便の到着など事前にわかるものについては時間をずらす、家の電話の着信音が鳴らないようにするなど、なるべく余計な音が入らないように配慮しましょう。どうしても家で環境を整えることが難しい場合は、レンタルの個室ブースなどを使うことを考えてみてください。

3 音声・映像確認、事前練習

面接で使うアプリケーションをインストールしたら、事前に自分がどのように映るのか、自分の声がどのように聞こえるか、確認します。

音声・映像確認

それぞれのツールでテストができるはずです。練習がてらツールを開いてビデオカメラオン、マイクオンでの状態を見聞きしましょう。画面に映る自分の顔に光が当たらず暗い場合は小さなライトをつけて調節します。面接時間が昼間か夜かによって光の状態が違いますので、面接予定に近い時間で試してみましょう。自分の頭から胸のあたりまでが画面の正面に入るように映る場所を調節します。面接当日も事前に一度ツールに入って音声や映像を再度確認しておくと安心です。自分が映る画面に名前を付けるようになっていますが、面接官にわかりやすいように漢字とひらがな両方のフルネームで設定しておくとよいでしょう。

他の人と事前練習

できれば、友だちや家族など協力してくれる人とツールを使ってオンラインで会話する練習をしてみましょう。アプリケーションによっては無料でミーティングを設定することができないものもありますが、Zoomなどは無料登録で40分程度ミーティングをすることができます。相手に自分がどのように映っているのか、自分の声がどのように聞こえているのか、録画することもできます。撮ったものを見て映り方や話し方の改善に活用するとよいですね。

4 入室のポイント、通信トラブル対応

いよいよ面接当日です。身だしなみを整えてURLをクリックして入室しましょう。

入室のポイント

パソコンが起動しない、通信状態がよくない、などのトラブルが起こる場合もあります。早めにパソコンを立ち上げ、5分前には入室するようにします。企業側は面接時間ギリギリに入室をOKすることもあります。その場合は待機して待ちます。

入室が許可されたら、ビデオカメラをオンに、ミュートを解除して笑顔で「よろしくお願いいたします」と自分からあいさつしましょう。通信状態に問題がないかどうか、まず確認することが必要なので、「○○○○と申します。聞こえておりますでしょうか」などと声を出してみましょう。

通信トラブルの場合

相手の声がよく聞こえない、などの場合は、大切なことなので遠慮せず「申し訳ありません。音がよく聞こえないようなので音量の調節をさせていただきます。少しお待ちいただけますでしょうか」

などのようにはっきり伝えて調節してみましょう。

それでも聞こえない、画像が静止してしまう、などのトラブルがあった場合は、チャットを使って状況を知らせ、一旦退室してもう一度入室し直す、電話で相手に緊急に連絡する、といった対応が必要です。オンライン面接の場合はイレギュラーなことが発生しがちですが、落ち着いて行動すれば問題ありません。携帯電話と企業側の連絡先はすぐそばに置いておきましょう。

5 表情・発声

オンライン面接のデメリットをお伝えしたように、採用側はみなさんの熱意・意欲が対面よりもわかりにくいと感じています。また、オンラインでは入室、退室などのパソコン機器の操作の際に無表情になってしまい、暗く、むっつりした印象を与えがちです。相手に好印象を持ってもらえるように意識して行動しましょう。

1 最初から最後まで明るい表情を意識

詳しくは3章で解説しますが、人は笑顔の人に好印象を持ち、「話しやすい」「一緒に仕事をしたい」と思うものです。入室から退室まで、特にあいさつのときにはできるだけ笑顔で話すようにしましょう。

2 うなずきを大きく

オンラインのほうが相手の反応がわかりにくいと感じる人が多いので、相手の説明を聞いているときは、大きくうなずくようにしてください。うなずくことで「話をきちんと聞いているな」と思ってもらうことができます。

3 はっきりとした声で話す

オンラインのほうが話している声も聞き取りにくく感じることが多くあります。特に低い音や音量が低い部分の声が伝わりにくく、聞こえない場合があります。できるだけ口を開けて大きな声で語尾まではっきりと発声するようにしましょう。また、答えの最後に「以上です」とつけるとどこまでが話なのか相手にわかりやすくなります。

6 カメラ目線

オンライン面接で特に注意する必要があるのは目線です。パソコンの画面に映る面接官の顔をついつい見つめてしまいがちですが、画面を見ていると相手には下を向いているように映ってしまいます。ノートパソコンなら上中央にあるビデオカメラを見るようにしましょう。そうすると相手と視線を合わせているように画面には映ります。ずっとカメラを見ている必要はありませんが、必ずカメラに目線を合わせる時間も作るようにしましょう。

Q：ESの書類やメモを見ながら話すのはまずいでしょうか？

A：書類を確認しながら話したいという気持ちはわかりますが、キーボードの上などに書類を置いて話すと視線が下を向いて何かを読んでいることが面接官にわかってしまいます。書類をパソコンの上や脇に置いて見ることはしないようにしましょう。目線を相手に向けながら見ることができるのはカメラのすぐ横に貼ったふせんです。話したい内容のポイントだけ書いておいてもよいでしょう。ただ、あまり書いたものを見ていると人はそちらに意識がいってしまいがちです。できるだけ相手の話している内容に集中し、相手の顔を見ながら会話をすることを心がけましょう。

7 グループディスカッション

オンライン面接でも、応募者が3〜6名程度のグループで行われる場合があります。それぞれに面接官から質問がある集団面接は対面面接と同じような内容ですが、グループで指定されたテーマや課題について話し合い、答えを導き出すグループディスカッションの場合は、オンラインならではの注意すべき点があります。確認しておきましょう。

発声や動作のタイムラグが生じることがある

個人個人の通信状態やパソコン機器によって声が聞こえやすい、聞こえにくいなどの差がある場合があります。グループ内の他の人の声が0.何秒遅れて聞こえてくることや、相手の表情、反応がわかりにくいこともあります。自分から手をあげて「聞こえていますか？」「今質問してもいいですか？」など積極的な態度で発言をするように意識しましょう。

チャットや視覚的に見えるツールも活用する

オンラインでディスカッションをする場合、話の要点や流れを整理する、時間の管理をする、などに目に見えるやり方を工夫すると効果的です。企業側から指定がある場合はそれに従いますが、チャットにまとめを入力してみんなに見てもらう、A4の白紙とマジックを用意して大きく書いたものを画面に映す、オンライン上のホワイトボードを起動して書記として書き込んでいく、など自分ができる方法を自分から提案するなど主体的に関わるようにするとよいでしょう。

Part 2

面接の流れをつかもう

対面
オンライン
ほう
なるほど〜 面接には オンラインと対面が あるのね
でもさ 面接って１回じゃ ないよね？
そうそう バイトの面接なら １回だけ なんだけどなあ
あとグループ面接！ 人と比べちゃって よけい緊張する…
普通何回ぐらい あるのかな？
そもそも どうして何回も 面接するのかな？
個別とグループで 気をつけることは 違うのかな？
同じようなことを 聞かれるのに…
ム〜〜

いろんな疑問が出ましたね！
「気になる」と いうことはそこに フォーカスして情報を 集めようと意識している ということ！
とてもよいですね！
グループディスカッション
集団面接
複数回面接
企業が何度も面接をしたり、集団面接やディスカッションを実施するのにはもちろん理由があります
ここからそれぞれの目的やポイント注意すべき点を詳しく見ていきましょう！

面接のタイプ

面接には１章で見てきたように、**「対面面接」**と**「オンライン面接」**という分け方がありますが、それと別に**「個人面接」**と**「複数での面接」**という種類があります。個人面接は面接官２～３名に対して応募者１名で行われ、複数での面接は面接官２～３名に対して応募者が少なくとも２名～６名ぐらいで行われます。

複数での面接はさらに、応募者１人１人に質問をして答えを個々に聞いていく**「集団面接」**と、当日テーマを与えられ、グループで一定の時間話し合って答えをまとめる**「グループディスカッション（以下 GD）」**の２つの形式に分かれます。

本来なら面接は個人面接で応募者の話をじっくりと聞くことを大切にすべきですが、複数での面接もよく行われます。その理由の１つは**応募者の数**の問題です。

大企業の場合、新卒の採用人数が数百人など多数になる企業は、応募者数が数千人、ときには数万人になることもあります。全員に会うことは物理的に不可能なため、書類選考や筆記試験で人数を絞るわけですが、あまりに絞りすぎるとよい人材に面接で会うことができず、逃してしまうことになります。限られた期間の中でできるだけ多くの学生に会えるように応募者複数での面接を設定しているのです。

面接の段階とそれぞれの違い

各段階の面接で企業側が考えている目的や実施方法の違い、ポイントの違いを見ていきましょう。

内定までに面接が何回あるかは、その企業の採用人数や企業規模、みなさんが応募する職種が技術系か総合職かなどによって違ってきます。

例えば、JR東日本の場合、総合職は書類選考、筆記試験に続いて面接が４回程度ありますが、トヨタの技術職の場合は面接は２次が最終となることもあります。また、従業員数が200名ほどの中小企業の場合、総合職でも２次面接が最終となることもよくあります。

インターンシップを本番の選考の前に受けているか、リクルーターの面談があるかなどにもよるので、この点はP.52以降で説明します。

次ページからは、一番一般的なパターンを例に、それぞれの面接で行われる手法や目的を説明します。３回の試験で行われることが多くあります。

１次面接・集団かGD　　例：2000人

▼

２次面接・集団か個人　　例：500人

▼

最終面接（３次）・個人　　例：100人

内々定：50人

1 1次面接

試験の対象者数がまだ多数なこともあり、オンラインで行われることが多い面接。通常面接官１～３名で実施され、現場で仕事をしているリーダー層の若手や中堅の社員が面接官を担当することもよくあります。応募者１名の個人面接ではなく１～６名程度の集団が一緒に受けることが多いでしょう。

１次面接では、まず応募者がどのような印象を相手に与える人なのか、意欲や熱意がありそうかについて観察しています。１人あたりの持ち時間が少ないので、相手に短い時間で好印象を持ってもらえるよう、あいさつや笑顔、ハキハキした声などを心がけましょう。

2 2次面接

オンラインでも実施されますが、応募者をよく観察したいと対面重視で行う企業もあります。面接官は現場の管理職と人事担当者が多く、面接官２～３名に対して応募者１名または２名で実施されることが多くあります。

２次面接は実施時間も長く、30分以上かけて応募者がどのような人物か、いろいろな面からじっくりと質問されるでしょう。回答に対して「なぜそうしたのか」「どのように思っていたのか」「実際にどのように行動したのか」「なぜこの企業を志望したのか」などの**掘り下げも行われる面接**です。もう一度自分について、志望した企業について面接前に整理し、自分の言葉で話せるように準備することが大切です。

③ 最終面接

応募者１名（または２名）に対して人事責任者や役員などの経営層の面接官２～３名で行われることが多い面接です。ここまですべてオンラインで実施する企業もありますが、８～９割以上の企業が対面で実際に応募者と会って志望度を確認したいと考えています。

最終面接まで通過してくる学生については、優秀な部分がある、よい点がたくさんある、と企業は考えているので、自社の社風や求めているものにマッチしている人か、内定を出しても本当に自社を志望して入社してくれるのかをできるだけ知りたいと思っています。

そのため、この企業にどんな仕事があると知っていること、その中で将来どんな仕事を成し遂げていきたいか考えていること、志望企業について充分研究して理解していることが重要になります。

「最終面接まで来たのだからもう大丈夫」と思う人がいますが、そうとは限りません。確かに「最終はもう志望度の確認だけでほとんど合格しているから」という企業も存在しますが、学生からの辞退もあるので、多くの企業が最終面接で２分の１程度に絞れるぐらいの数を残しています。また、同じぐらいの評価の学生がいた場合は、最初の印象に戻って「どちらが一緒に仕事をしていきやすいと思われるか」「好感度が高い学生はどちらか」で判断することも多くあります。

最後まで気を抜かず、自分の思いを笑顔で落ち着いて伝え、乗り切りましょう。

集団面接の注意点

集団面接とは、応募者２～６名程度に対して面接官２～３名で行われる面接で、まだまだ応募者の数が多い１次や２次面接で実施されることが多い形式です。

また、グループディスカッション（GD）と違って面接官からの質問に答えていくことになるため、注意すべき点が異なります。確認していきましょう。

1 他の人の答えに惑わされないようにする

最も大切なポイントがこの点です。

応募者１人に対して質問があり、じっくり話を聞いてくれる個人面接に比べて、同じ質問を全員に聞くことが多いのが集団面接です。「面接官に他の応募者と比較されているのではないか」と気になってしまう人もいると思いますが、面接の場で他の人の答えを気にしても焦るだけでよい結果にはつながりません。

「他の人が学業の自己PRをしているから自分も学業について言ったほうがいいのではないだろうか…」などと急に考えを変えることは必要ないと思います。「他の人は他の人、自分は自分」と思い、他の人の答えに引っ張られないようにしましょう。

2 面接官の他の人への反応も気にしないようにする

面接官の反応や質問の内容についても他の人と比べないように、気にしすぎないようにすべきです。

✓自分と比べて隣の人の話にすごく面接官がうなずいていた
✓話が盛り上がっていろんな質問がさらに来ていた
✓自分にはあの質問が来なかった

などとがっかりする必要はありません。雰囲気が盛り上がることと面接で合格をもらうことは必ずしも一致しませんし、あくまでもみなさんの主観で思い込んでいるだけかもしれません。そこにフォーカスするのではなく、自分が行動することで変えられることに力を注ぎましょう。

3 対面面接の場合、他の応募者への気配りが必要

オンライン面接であれば、一緒の面接の場に同時に参加しているという意識のみで特に問題ありませんが、対面で集団面接を同時に受けることがあれば、一緒にドアから入室する、立って退出する、などの動作もあるかもしれません。他の人が入りやすいようにドアを持って開けておく、などの気配りを行うようにしましょう。

4 他の応募者の発言も聞いている姿勢を表す

他の人の答えに引っ張られる必要はありませんが、他の人が質問に対してどのように答えているのかについてはきちんと耳を傾けるようにしましょう。

時々、自分が何を答えるのかで頭がいっぱいになり、他の人の話を聞いていないことが態度や姿勢でわかってしまう人がいますが、面接官は応募者が話していないときの表情や態度も観察しています。

ときには、社会問題などのニュースの回答について「●●さん、××さんの答えについてどう思いますか？」といった問いかけをされる場合もあります。対面面接だけでなく、オンラインの面接でも他の人の発言についてもうなずきながらしっかり聞くように意識しましょう。

5　面接前後、他の応募者と余計な話をしないようにする

オンライン面接の場合にはこの状況はないと思いますが、対面面接の場合は、待機室で待っているときや、面接が終了した後に他の学生と知り合いになる機会があります。情報収集や交流をしたいと思うかもしれません。しかし、様々な人がみなさんの言動を見ていますので、面接の待機場所や面接会場のすぐ近くのカフェなどで面接の内容の話や他社の進行状況などの話をすることは避けましょう。にこやかにあいさつを交わす程度にしておきます。

情報交換をしたい場合は、違う駅など遠く離れた場所でするようにし、応募企業名を大きな声で話したりはしないように気をつけます。

グループディスカッション

グループディスカッション（GD）とは、応募者3～7名程度に対し面接官1～3名で行われる面接です。当日にグループに対して1つのテーマが与えられ、30分～1時間程度の時間で討議をし、時間内に結論を導くことが求められるもので、1次試験で実施されることが多くあります。

コロナ禍で人との接触を少なくする必要があった時期にはオンライン上で行われることが多くなっていましたが、対面の場でも実施されるようになってきています。採用側は、GDで、質疑応答形式の面接では知ることができない応募者の行動特性やコミュニケーションのとり方、与えられた目標に対する取り組み姿勢などをよく観察しています。集団面接とは違った、注意すべきポイントやよく行われるGDの種類について押さえておきましょう。

GDで注意すべきポイント

1 同じグループのメンバーは競争者ではなく、協力して目的を果たすチームの一員ととらえる

GDはグループごとに1名だけが合格する、という選考法はとられません。採用側は、グループ内での話し合いの中で、

✔前向きにあきらめずに制限時間内で積極的に行動しているか
✔他の人と協力して与えられた課題に取り組んでいるか
✔リーダーという役割でなくても、主体的に討議を進めようとしているか

について観察しています。同じ目的に向かって協力し合う仲間だと考え

て、最初からよい関係を作っていくように心がけましょう。

2 進んで役割を引き受け、積極的に発言することを意識する

限られた時間の中で目的に沿ってスムーズに話し合いを進めていくためには、「リーダー」「書記」「タイムキーパー」などの役割を誰かが引き受ける必要があります。時間もないので開始してすぐに積極的に立候補するとよいでしょう。

もちろん、役割につかなかったから合格しない、などということはありません。自分が役割を引き受けなかったとしても、「ここは私が言わないほうがよいのではないか…」などと遠慮する必要はありませんので、他の人が気づかなかった提案やアドバイスを伝えるなど、グループの仕事に積極的に関わるようにしましょう。

中には自分から発言をしようとしない人、声が小さい人、言葉が少ない人もいます。できるだけ討議に参加してもらうように、
「この点について、○○さんはどうお考えですか？」などと声をかけ、話に入ってもらうようにするとよいでしょう。

3 自分と違う意見も受け止め、話を聞いてから自分の主張を伝える

GDのテーマの多くは、答えが1つではないものです。様々な考え方があり、人によって正解は異なるものでしょう。

みなさんのグループにも「こうじゃないですか！」と自分とは違った意見を言う人もいるかもしれません。ここで大切なことは、違う考えや違う視点も一旦は受け止めて、相手の話も聞く姿勢を見せることです。

採用側はGDで、この応募者が入社したとしたら、会議の場でどのようにコミュニケーションをとろうとするのか、取引先と集団で打ち合わせをしたり、問題解決に向けて話し合いをしたりする際に、この人がお客様に対してどのような話し方や聞き方をするのか知りたいと考えています。そ

のために、普通の質疑応答形式の面接ではなくGDを行うのです。

相手の話を否定するような返し方をしてしまったり、違う意見を聞こうとせず、強く自分の考えを主張してしまったりすると、お客様や社内の周囲の人たちと円滑に業務を進めていけないのではないかと疑問に思われてしまう恐れがあります。

「○○さんはそう思うんですね。なるほど。私は……のように考えました。なぜかというと……」

のように、相手の話を一旦受け止めてから、「私はこう思う」という**「I（アイ）メッセージ」**で自分の意見を伝えるようにしましょう。

4 結論から伝え根拠・理由を話す

GDでは初めて話す人に短い時間で自分の意見を理解してもらい、納得してもらう必要があります。

「■■について、私は……が大切だと考えました。理由は……だと思うからです。実際に私の友人にも……の経験をした人がいます」のように、自分がどのような考えを伝えたいのか、結論をまず話してから、なぜそのように考えたのか、根拠となる理由を説明することで、わかりやすく伝えるようにします。GDではこの「論理性」も観察をされていますので、意識しましょう。

5 テーマから話がそれないように注意する

GDでは、行うメンバーにはいろいろなタイプがいます。中には与えられたテーマから話が広がりすぎてしまったり、そもそもこのテーマがおかしいのではないか、などとテーマそのものを疑問視するような意見が出てしまったりする場合もあります。

リーダーがテーマに沿って話し合いを進めるように舵取りをしていく必要がありますが、うまくいかないかもしれません。そのときは、

「話がテーマからそれてしまっているように感じますので、もう一度○○

の内容に戻って考えませんか？」
「話が広がりすぎるとまとまらない恐れがありますので、今回は■■の部分に焦点を絞ったほうがよいのではないでしょうか」
のように自分から提案をしてみることも必要です。

6 時間の使い方を常に意識する

リーダーやタイムキーパーの役割を担ったときは、限られた時間をできるだけ有効に使うために、次のような流れを意識するとよいでしょう。

①ディスカッション開始。みんなで１つの目的に取り組む意欲を伝え合う
※可能な場合は開始時間前に名前の確認や意欲の表明をしておく
②個人でアイデアを考える。資料がある場合は、読み込んでから意見を出す（７分）
③考えた内容を出し合い、質問しながら意見を話し合う（25分）
④話し合った内容を一旦整理する（３分）
⑤まとめの時間。どのような内容を発表するか意見を集約する（10分）

指定される時間は30～60分ぐらいとそれぞれ異なりますが、ここであげた（　）の分数は45分の時間が与えられた場合の例です。もし、リーダーやタイムキーパーからこのような時間の配分の話がなかった場合は、「限られた時間なので、こんなふうに時間配分を決めておくとスムーズだと思うのですが、いかがでしょうか」などと自分から積極的に提案するようにしましょう。

グループディスカッションの種類

GDには種類があります。企業で求める力を観察するために行われますので、インターネットで過去の試験を検索してみるとよいでしょう。

1 課題解決形式

「ある百貨店の食品売り場の売上をアップさせるために何が必要か」などの資料を読み、ある企業の課題に対する解決策をグループで考える形式です。課題は実際の問題ではなく、ケースを想定したものが多いですが、事前にその業界や企業の事業内容をよく調べておくことが重要です。

2 ディベート形式

「リモートワークのみの働き方を続けるべきか否か」などのように、ある意見について賛成・反対の２つに分かれ、それぞれの意見を相手に納得してもらえるように論理的に主張する形式です。自分で賛成か反対かを決めるのではなく、どちらかに振り分けられるので、なぜそれがよいと言えるのか、根拠をできるだけ用意して説得していくことが必要になります。

3 正解がないテーマの形式

「よい仕事をするために何が必要か」「ルームシェアをもっと広めるには」などのように、資料を読む形ではなくあるテーマについて複数の意見を出し合う形式です。漠然としたテーマが出されますので、例えば、「『よい仕事』とは何を指すのか」「今回は新入社員を対象とする」のように、最初に基準や対象を決めて、話し合う内容を絞ることがポイントです。

インターンシップ

インターンシップ（以下、インターン）とは、2016年頃から非常に多くなった活動で、大学１～３年までの間に社会や仕事、業界などを知るために企業で実際に就業体験をすることを言います。中には大学と提携しており、単位として長期的に受けられるものもありますが、多くは民間の求人サイトや自社の採用ホームページで募集を行います。

企業によって実施時期が違い、おもに５月頃から次の年の２月頃まで行われ、次のような種類があります。

①１週間～数か月の長期間で、実際に現場に入り、仕事の疑似体験ができるもの。まとめてではなく週１日ずつなどの場合もある
②２～３日間で、集団でのセミナーやワークショップ形式のもの。現場見学や仕事の一部を体験してみるグループワークなどが含まれるが、業界の紹介や社員との交流などがメイン
③１DAYと呼ばれる１日や半日のもの。業界研究や社員の人の話を聞く内容が多い

インターンの多くが②や③の形式で、先着順に希望者が参加できるものが多数ですが、①の形式のものは参加できる人数が少なく、大手企業の場合は応募者が多いので選考が行われる場合があります。中には本採用の試験よりも倍率が高いと言われるものもありますので、面接を受ける場合にはしっかりと準備をして臨みましょう。

インターンシップ選考面接のポイント

インターンの面接も、本番の採用試験での面接も基本的なポイントは変わりません。

✓その人がどのような行動をしてきた人なのか

✓どのように思い、考えている人なのか

を知るような「学生時代に力を入れたこと（ガクチカ）」「自己PR」などの質問がなされます。

夏休みぐらいまでのインターンの場合、その企業の志望度を聞く質問よりも、インターンにどのような興味があって応募したのか、どのようなことを得たいのかといった、インターンについて思っていることを問われることが多いでしょう。

採用面接と違う点は、面接時にフィードバックをしてくれる企業が多くあることです。企業側も自社によい印象を持ってもらい、本番にもまた応募してきてほしいと考えているので、

✓どんな点がよかったのか

✓どのように答えればもっとわかりやすかったのか

などについて、企業側の考えを伝えてくれるのです。まだまだ本番の採用試験ではないので、練習を積める機会だと思って臨みましょう。

「インターンの面接で落ちたら本番ではもう合格しないのではないか」と心配する人がいますが、その点は大丈夫です。本番でまだまだ挽回できますので気にしないようにしましょう。

インターンシップでの採用

Q. インターンシップが採用の本試験、という企業もありますか？

A. はい。前ページでインターンはまだ練習段階だから、とお伝えしましたが、実は選考だと思って受けたほうがよい場合もあります。

１つは、インターンの選考がある場合です。特に秋以降のインターンでは、企業は大学３年生の学生にいち早くコンタクトをとって、優秀な人材が他社に内定する前に自社に確保したいと考えています。

そのため、のちの書類選考、面接の段階で採用を意識してよい人材かどうかを見極めています。もちろん、ここで選ばれなかったとしても挽回の機会はあるのですが、秋から冬にかけてのインターンの場合は、採用試験に近いものだと考えて準備していきましょう。

もう１つは、選考があってもなくても、インターンというもの自体が企業が学生を観察する場になっているという点です。

長期ではなく、短期間のインターンだったとしても、企業はみなさんがグループワークに参加している言動をよく観察しています。意欲があり、理解力もあって積極的にコミュニケーションをとりながら行動している人であれば、「来年の採用試験の面接から受けないか」などのオファーが来ることもあります。インターンが GD 試験として使われている場合もあるということを意識して参加するようにしましょう。

Column

意識して生活することの大切さ

よく学生のみなさんから、「アルバイトのことをエピソードで話すのはまずいのでしょうか」「インターンシップは行かないと内定をもらえないでしょうか」「資格は取っておいたほうが有利でしょうか」のような具体的な質問をもらうことがあります。

みなさんのそれぞれの専攻や志望する仕事によってアドバイスが違ってくる場合はありますが、私が重要だと思うことは、何をするにしても、よく考えずに漫然と行うのではなく、意識をして生活する、もっと言うと意識をして人生を送ることです。

たとえばアルバイトをするにしても、ぼーっと何も考えずに、その日出勤して言われたことだけ作業をして「1日分のお金はもらえたな」と思う人と、「この作業をもっと効率的に、きれいにできるにはどうしたらいいかな」と考えて実行した人とでは、3か月たったときの積み重ねの差は大きなものになるはずです。そして、そのように日々行動できる人は、社会人になっても仕事で意識しながら力を発揮できるようになるのではないでしょうか。

アルバイトでも、サークル活動でも、勉強でもよいのです。どんなふうになりたいのか、どう向上したいのか、どのように楽しみたいのか、ぜひ意識しながら取り組んでみてください。そうすれば、どんな活動であっても企業側の人に語れる材料になると思います。

動画提出

書類選考の際に動画提出の試験が行われることがあります。「動画」として自分が話す表情や態度などを伝える形式なので、面接の一種としてポイントを紹介していきます。

ESの提出と合わせて自分で撮影した動画を企業のホームページからアップロードする場合が多いのですが、企業が指定するURLに入り、オンデマンドで動画による企業の質問にその場で答える、というタイプも最近では見かけるようになりました。「質問に答える形式」はオンライン面接のページ（P.28 ～）を参考にしましょう。

1 動画提出のテーマや目的

「自己PR」「志望動機」など、企業が指定した質問について1テーマにつき1分程度で話をして撮影し、提出する必要があります。企業側にとって以下のようなメリットがあり、人と接することが多い航空会社の客室乗務員職など、サービス業の採用で多く使われるようになってきています。

- ✓書類の文章だけでなく、姿や表情、話している様子を複数の面接官が何度も再生して見ることができる
- ✓短時間で人にどのような印象を与える人か確認することができる
- ✓地方の学生についても、交通費などの負担がなく対面の印象により近い雰囲気を知ることができる
- ✓文章記述のみよりも動画提出のほうが応募しやすい学生もいるので、応募者数を増やすことができる

2 映り方の注意点

提出動画の映り方はオンライン面接同様の点を注意し、頭から胸あたりまでが正面に入るようカメラの位置を調節します。ライトや太陽光の当たり方で表情に影ができてしまうので、表情が暗くならないように気をつけましょう。

スマートフォンやタブレットで撮影する場合は、手ぶれしないようにカメラを三脚などで固定します。視線はカメラに向けて、笑顔ではっきりと話すようにします。準備した内容を暗記して話す、書面に書いたものを見ながら話すのではなく、カメラの向こうに相手がいると思い、その人に語りかけるつもりでカメラを見ながら笑顔で伝えるようにしましょう。

録画のポイントは、録画ボタンを押すと同時に笑顔を意識し、２～３秒待ってから話し始めること、最後も笑顔でお辞儀をした後、２～３秒待ってから録画を終了することです。

面接と違って自室などで自分のペースでリラックスして撮影することができますし、内容を十分準備し、何度も撮り直しをすることも可能です。知り合いの社会人の人に見てもらい、明るく感じよく映っているかフィードバックをもらいながら修正するようにしましょう。

大学説明会

Q. 大学で開催される説明会には参加したほうがよいですか？

A. 学内キャリアセンター主催の説明会は自校の学生だけしかいないので、小規模で卒業生の話なども聞けるチャンスです。積極的に利用しましょう。

大学によっては特定の企業が学内で合同説明会を実施しています。大学３年の２月まではまだ表立った選考試験の時期ではないので「業界研究」のようなタイトルで呼ばれることも多くあります。

おもに、今まで卒業生の就職実績がある企業、理系の学部で研究室からの教授推薦がある企業、地元の企業でその地域の大学から多く採用をしている企業など、大学とのネットワークを築いている企業が参加しますが、その大学の学生だけが参加できる説明会ですし、多すぎない人数でいろいろな質問をしやすいと思います。

インターンで学生の言動を観察しているのと同じで、企業側は説明会でも学生との接点を持ちたい、よい人材がいればコンタクトをとれるようにしたいと考えています。面接そのものではありませんが、企業側の人と話す場合はきちんとあいさつする、はっきりと話す、などを意識しましょう。最近ではオンラインでの参加が可能な場合もあります。少しでも興味のある業界や企業の説明会には積極的に参加するようにしましょう。

Q. 合同説明会と企業の説明会の違いはなんですか？　また採用応募には参加が必須ですか？

A. 単独の企業説明会は、志望する企業についてよく知るためにぜひ参加しましょう。リアルタイム参加なら採用側の人との接点を持つこともできます。

単独の企業の説明会は、現在、

✓オンライン開催
✓対面での開催
✓動画での視聴

の３つの手段で行われています。IT 系など、業種や企業によってはオンラインか動画のみで対面での開催はしていない場合もありますが、志望企業であれば、オンライン開催でも採用側の人とリアルタイムで話ができる場にはできるだけ参加するようにしましょう。

３月以降の会社説明会は、オンラインであっても人気企業はすぐに満席になってしまうことがよくあります。もし満席になってしまったら後日の動画視聴でも構いませんので、内容をよく見るようにしてください。

やはり、ホームページを読むだけよりも、人が実際に企業についての思いを含めてみなさんに伝えるメッセージは、ES を作ったり面接の準備をしたりする前に知っておきたい部分です。

OB・OG訪問も面接の1つととらえたほうがよいですか？

インターンや会社説明会以外で、みなさんが企業についてよく知る有効な方法の１つに、**OB・OG 訪問（以下先輩訪問）**があります。自分が通う学校の卒業生の社員や内定者に連絡をとり、会って話を聞く、様々な質問に答えてもらうものです。

以前は飲食店やカフェなどで直接会って話をすることが多かったのですが、新型コロナウィルス感染拡大後は、オンラインで行われることが非常に増えました。ES 提出後であっても、志望度が高い企業なら訪問したほうがよいです。

先輩訪問は、実際にその企業で仕事をしている人の実感や生の声を聞くことができますし、試験のアドバイスなどももらえます。**可能なら内定者よりもすでに仕事をして数年たっている人を探す**ようにしましょう。

信頼性を考え、まずは自分の周辺のゼミや研究室、サークル、部活動、アルバイト先、親の紹介などで先輩がいないか探してみます。アルバイト先などなら自校の卒業生でなくてもよいと思います。大学のキャリアセンターや就職課によっては、卒業生を紹介してくれるところもありますので確認してみましょう。

特に、大手の金融機関や総合商社を受ける場合は、先輩訪問をしたかどうか面接で聞かれることがあり重視されています。周辺で見つからない場合は、「ビズリーチ・キャンパス」などのマッチングアプリを使うこともできます。ビズリーチ・キャンパスでは会社説明会にも申し込めますし、大学を登録するので容易に自校の先輩を探すことができます。

先輩訪問の注意点

1 マナーをわきまえて、きちんとした対応をする

社会人として先輩にはほとんどトクはないのに時間を割いて会ってくださるわけですから、感謝の言葉を伝え、時間を守り、きちんとした身だしなみやあいさつなども３章を参考にしっかりと行いましょう。訪問後はお礼のメールを送りましょう。

2 自己紹介や聞きたい質問を事前に準備しておく

完璧でなくて構いませんが、自分の活動や、この企業にどんな興味を持っているのか話せるようにしていきましょう。また、せっかく先輩に会えるのですから、その企業の仕事についてできるだけ具体的に話を聞くようにしましょう。先輩が、

- ✓なぜこの企業を選んだのか
- ✓やりがいをどんなところに感じているのか
- ✓仕事で大変なことは何か
- ✓入社したときどんなふうに最初の年を乗り越えたのか

など業務の内容に加え、思いや考え、価値観なども聞いておくとよいでしょう。

3 先輩訪問がリクルーター面接となる場合があると意識する

企業によっては、卒業生の面談が人事へ報告される面接となる場合があります。詳しくは次項で説明しますが、相手からも観察されていることを意識し、明るく、笑顔ではきはきと感じよく話すようにしましょう。

Q. リクルーター面接ってなんですか？

A. 自分から依頼するのではなく、インターンシップ応募や参加後、あるいは本番の採用試験に応募後に、企業側からコンタクトがあり、社会人数年目の人（リクルーター）と面談してほしいと言われるものです。

多くの企業は早い段階から学生と接点を持って、よい人材がいたら選考を進めていきたいと思っていますが、政府が経団連などの経済団体へ、大学生の勉学に支障がないように、採用活動広報開始の時期は３年生の３月から、採用選考開始は４年生６月からとするよう要請をしています（2023年時点）。そのため時期によっては「選考試験」ではなく「先輩との面談」「勉強会」といった形をとり、学生とオンラインで話をする機会を設ける企業もあります。

インターン参加の様子を見て「リクルーターと話をしないか」と言われる場合や、採用試験にエントリーすると、面接試験の前に練習会をするので参加してほしい、などと言われる場合があります。その企業に大学の卒業生がいる場合は先輩がリクルーターを行うこともありますが、卒業生ではない社員の人が実施することもあります。

コロナ禍以前は対面で会って、カフェでお茶を飲みながら、ときには夜お酒を飲みながら話をしてその学生がどんな人物か観察する、という状況も多くありました。しかし、感染拡大後はほぼオンラインでの話（実際は面接）になっています。

もしリクルーター面接のオファーがあったら

1 参加をするようにする

このようなオファーがあったら、ぜひ積極的に受けるようにしましょう。面接の機会をもらえたということです。日程の都合がつかないときも、違うスケジュールに変更していただけないか、丁寧にお願いしてみましょう。

2 面接だと思って準備する

「練習会」「面談」「業界研究会」などの名前だったとしても、行われるのは面接です。特に１対１のものや、学生３名など少人数で行われるものは必ず学生を観察しており、よい人材だった場合、人事に連絡が行くものです。事前に自分が力を入れてきた活動や自己PR、将来自分がしたいと思っていることについて話せるように準備して参加しましょう。ぜひこの本を活用してください。

3 当日は、先輩訪問と同じく、笑顔ではっきりと敬語で話す

先輩訪問のページでお伝えしたように、目上の人によい印象を持ってもらうように、明るくはきはきと応対するようにしましょう。オンライン面接のページや３章を参考に、声を出してあいさつをする、などの練習をしておきましょう。

採用までのスケジュール

現在、国からの要請で、多くの企業は、大学３年の３月からの採用広報活動解禁といった動きを表向きはしていますが、実際はインターンや説明会などを使って様々なことを進めています。大学３年生から採用が決定するまで、いつどのようなことをすべきか、スケジュールを確認しておきましょう。

また、大企業か中小企業か、日本の企業か外資系企業かによっても、採用活動の動きが違います。おおむね大学３年生の３月から採用のための説明会が始まり、６～８月ぐらいまでに内々定が出るというスケジュールは、経団連に加盟しているような日本の大企業のものです。メディアやコンサルティング会社などのように本選考の試験を３年生の秋冬にはしてしまうところもありますし、実際はインターンで選考の一部が始まっている企業も多くあります。応募の時期を逃さないように志望業界の研究に早めに取りかかりましょう。

大学3年生のスケジュール

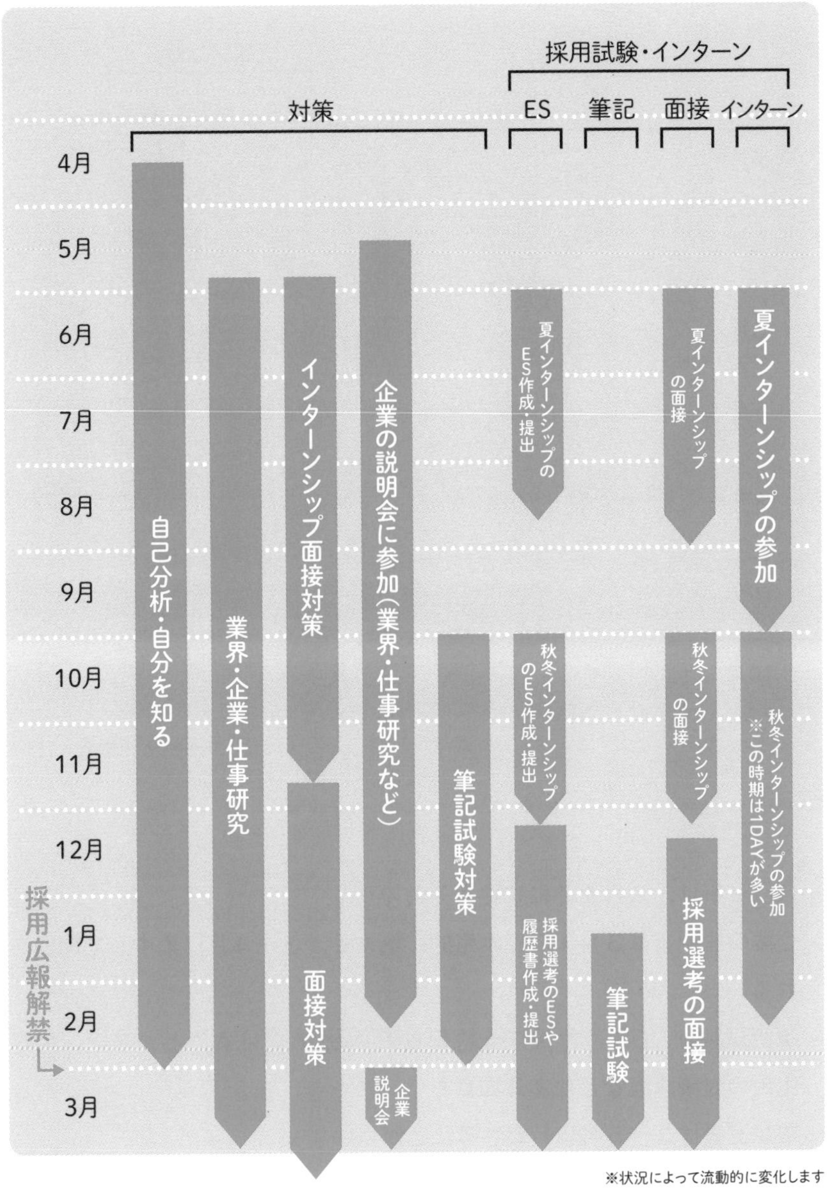

※状況によって流動的に変化します

大学４年生のスケジュール

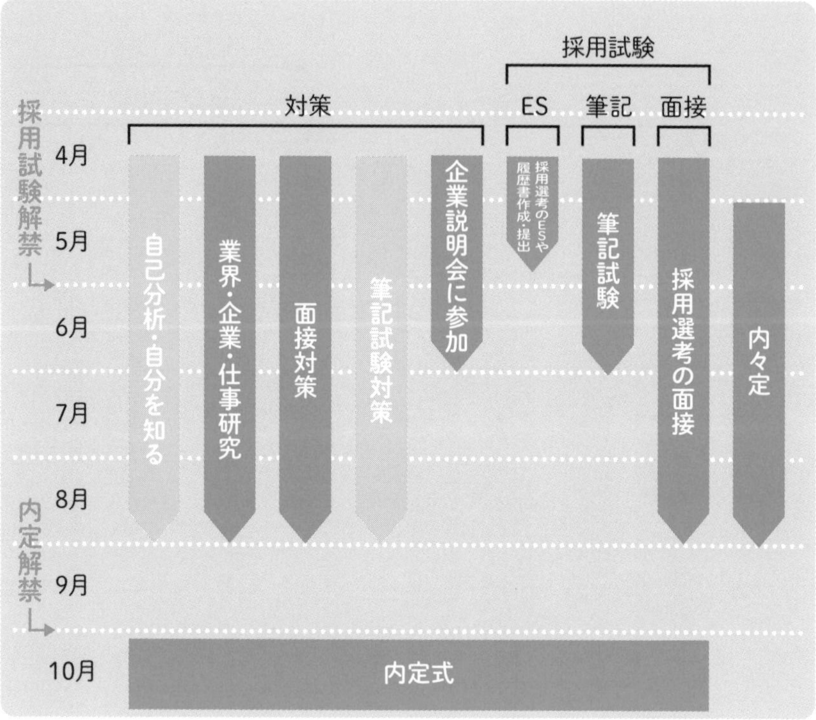

※状況によって流動的に変化します

✓自己分析は、２月までには終えておく

✓企業の説明会は３月１日に本格的に始まり、３～４月に集中して開催される

✓筆記試験は、ES 送付後に予約をして Web で受けることが多い。大学主催の対策講座などがある場合も

✓書類選考は３～５月に行われることが多い

✓採用試験解禁は６月だが、実際には３月頃から行われる

✓内定解禁は10月だが、多くの企業が５～８月に内々定を出す

Part 3

面接の準備・練習

1・2章で
企業が面接で
何を知りたいのか
どんな面接があるのか
がわかりました！
ひとまず
そもそも
なぜ面接を行うのか、
実態がどうなっているか
理解してもらえましたね
で、でも…
これでいきなり
本番ってワケには…！
くる
だよね!?
がくがく
人前で話すことが
苦手な人こそ
事前の準備が
大切なんだよね…？
でもどんな準備を
したらいいのかな…
それはズバリ！
話す内容を考えることと
実際に練習して
みることです！

面接官が観察している
コミュニケーション能力って
時代によって
変わったりしそう…
不安…
それって
ESの内容の
ままでは
だめなのかな？
あと表情や声に
気をつけるって
どうやるの？
心の声が聞こえる…
みなさん
事前の準備が大切だ
ということは
わかったものの
まだまだわからないことも
多いようですね！
マナーなども含めて
知るべきポイントは
色々ありますよ～
印象面
話の構成の
仕方
気持ちの
持ち方
話の中身の
掘り下げ方
ハイ！
このほか、
社会状況によって変わる
問われやすい内容も
押さえながら
準備を進めていきましょう！

好印象を得られるコミュニケーションスキル

1 第一印象が大事

面接で、企業は

✓**この人が自社でどのように働いてくれる人なのか**

を見極めようとしていることは、すでにお話ししてきました。

つまり、もう少し具体的に言うと、

✓**この人は職場で一緒に働きたいと思える人だろうか**

✓**この人は社外のお客様や取引先に「感じがよい」「信頼できそうだ」と思ってもらえそうな人だろうか**

ということを面接で顔を見て確かめたい、と思っています。

では、そのように思ってもらうために重要な要素とはどんなことでしょうか？

相手から好感を持ってもらえる、相手に信頼感を与えるためには「見た目と声の印象の好感度を上げる」ことが第一に大切です。アメリカの心理学者アルバート・メラビアンは実験により、人がコミュニケーションをとるときに、55％が「見た目（視覚）の情報」、38％が「聞く音、つまり声（聴覚）」の情報という割合で影響を与えられているという法則を提唱しています。「言葉そのもの（言語）の情報」の影響はわずか７％にすぎないと言われています。

コミュニケーション時の影響力

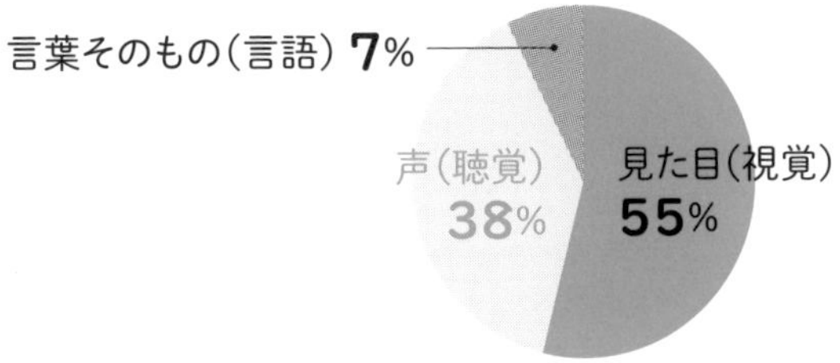

つまり、応募者がとてもやる気のある話の内容（言語情報）を伝えたとしても、見た目や声の印象が全然それにマッチしていないと面接官には内容が伝わらないということなのです。

また、人が初めて会った人に何かしらの印象を持つのに要する時間は、数秒というような本当に短い時間だと言われています。

面接でも、

✓「失礼します」と伝えて入室

✓「●●大学経済学部経済学科４年の□□　□□と申します。よろしくお願いいたします」

とあいさつ。ここまでで15秒ぐらいしかありませんが、たったこれだけの動作やあいさつの声でみなさんの第一印象がまず決まってしまいます。

次のような「見た目」と「声」の印象アップを意識して行動するようにしましょう。

1 見た目の印象

✓きちんとしたビジネスマナーにふさわしい身だしなみ

✓笑顔の表情

✓面接官の目を見るアイコンタクト

✓丁寧なお辞儀

2 声の印象

✓はっきりとした明るい声

✓早口すぎずわかりやすい伝え方

2 姿勢、態度

「姿勢」というのは、２つの意味を持ちます。

１つは「背中が曲がっている」「下を向いている」のように本当にその人がどんな身体の姿勢をとっているか、という点。

もう１つは採用面接にどんな意識で臨んでいるか、という意味の「姿勢」です。これは別の言葉でいうと、「意識した態度」ということができます。

人は、初対面の人の印象を50％以上見た目で決めてしまう、とお伝えしました。

×あいさつのお辞儀を深くせず、ペコっと浅くしか下げない

×背中を曲げて椅子に座っている

×面接官に視線を合わせない

応募者の学生は何気なく、普段の自分でいるだけなのかもしれませんが、残念ながらこの状態だけで、面接官は

「なんだか自信がなさそうな学生だな」

「人と話すのが苦手なのかな」

「目上の人に対する敬意の気持ちがないのかな」

などと思ってしまうのです。無意識でやっていることを、他の人からはそんなふうに受け取られるのだ、という点について理解し、意識して姿勢を作りましょう。

○面接官の目をしっかり見る時間を作る

○お辞儀は背中をまっすぐにして30度の角度まで曲げるようにする
○座っているときは、頭を上げて背中をまっすぐにして座るようにする

また、面接に臨むときの心持ちも大切です。人の心と身体と行動はつながっていますから、「いやだなあ、面接苦手なんだよなあ」「今日もじろっと見られるのかなあ」「面接なんか行きたくないよなあ」

なんて思いながら向かうと、

✓視線はうつむきがち
✓下を向くのでついつい背中は丸くなる
✓いやだと思いながら話しているので緊張が増す
✓汗が止まらなくなって貧乏ゆすりが出る

というようなことになってしまいます。

みなさんは、書類選考を通って選ばれてここまで来たのです。面接官は、みなさんに会って話を聞くのを楽しみに期待しています。ちょっとぐらい間違っても大丈夫です。

「きょうはどんな新しい出会いがあるのかな」と思いながら面接に行くようにしましょう。面接の練習をするときも、「新しい出会いに感謝」と心の中で思い、視線を目の前の人に向けて、背筋を伸ばして行ってみてください。

3 表情、発声

「見た目の印象」ということでいえば、「笑顔の明るい表情」があるかどうかも重要です。

1章のオンライン面接でもお伝えしましたが、

○相手が笑顔でうなずきながら話を聞いている、あいさつも笑顔でしているのと、
×相手が無表情でまったくうなずきがない、あいさつのときも笑顔がない

のとでは、相手に与える印象が大きく違ってしまいます。

まず意識せずにした自分のあいさつや、人の話を聞いているときの表情を動画に撮影して確認してみましょう。歯を見せて笑っているような笑顔、たとえマスク越しでも目を細めていて「笑顔なんだな」とわかるような表情はありましたか？

「けっこう笑顔が出にくいなあ」「顔が緊張してひきつってしまいがち」という人は、次のような表情筋を動かす練習をしておきましょう。

- ✓口を最大限開いて「あ、え、い、う、え、お、あ、お」と１音１音口を動かす。頬骨を上げる、口を思い切り突き出す、など大きく動かすことを意識して５回行う。
- ✓「おはようございます。〇〇大学〇〇学部〇年〇〇〇〇です。よろしくお願いいたします」と頬骨を上げながら笑顔で発声する。

みなさんもお店で素敵な笑顔の店員さんに会ったことがあるのではないでしょうか。あの人はどうしてあんなに感じのいい笑顔であいさつできるのだと思いますか？

１つは、「お客様に笑顔になって帰っていただきたい、お客様の役に立ちたい」というような「心持ち」を持っている点があります。思いによって人の行動は変わってきますよね。

しかし、思いを持っていても最初はうまくいきません。笑顔で「いらっしゃいませ！」と言えるように何度も何度もやってみたからこそできるようになるのです。

「笑顔」「明るい大きな声」「丁寧なあいさつ」は心の中で思っているだけでは相手に伝えることはできません。スポーツと同じ、トレーニングを重ねていきましょう。

おすすめの練習例

- ✓前のページの発声練習を、今度はお腹を凹ませて１音１音区切るように大きな声で５回繰り返す、「あ、え、い、う、え、お、あ、お」
- ✓自己紹介のあいさつも「口をはっきり開けて、笑顔」を意識して５回言ってみる
- ✓練習後に動画で撮影し、振り返る

4 気持ちを込めた話し方

笑顔で感じのよいあいさつを面接の最初と最後にするようにすると、面接官の初対面の印象はぐっとアップすると思います。

続いて、面接の途中の話し方について重要ポイントを理解していきましょう。

あいさつが終わり、質問が始まったとします。「学生生活で力を入れてきたことについて話していただけますか」という質問が来たときに、意識せずにした場合、みなさんは「どのような話し方で」説明していますか？

次の点をチェックしてみましょう。できれば友だちや家族など他の人に聞いてもらえるとよいですね。

- □ かなり早口でわかりにくく話している
- □ 小さな声で聞こえにくく話している
- □ ESに書いたことをいかにも覚えたまま話している
- □ 暗記したことを言っている感じで気持ちが伝わってこない

どうだったでしょうか。今まで「声に出して話す」経験があまりなかったという人、棒読みのようになってしまい、気持ちが伝わってこないと言われる人は、やはり実際に身体を使って話すためのトレーニングが必要で

す。

ESの内容をどのように話すのか、は後に説明しますので、ここでは「自分の思いを込めて話す」を練習します。

1 小さい頃に好きだったことについて詳しく話してみる

みなさんは、幼稚園や小学生の頃、どんなことが好きでしたか？ サッカー、ゲーム、マンガを読むこと、絵を描くこと…。今回は面接の内容ではないので、中身はなんでもOKです。

✓どのような点が好きだったのか
✓誰と、どんなふうにやっていたのか
✓好きだった選手／ゲームの内容／タイトル／など
✓それを行っているとどんな気持ちになったのか
✓今も続けているのか

などについて、2分ぐらい「楽しかったな」「こんなところが好きだった」「こんなことにワクワクした」「途中大変だったけどそこを頑張った」というように気持ちを込めて声に出して話してみましょう。2分以上は必ずあるように詳しく話してくださいね。

誰か相手に向けて話してみると一番よいのですが、1人で行うこともできます。その場合は、目の前に初めて話す仲良くなりたい先輩がいる、とイメージして自分の思いを入れて伝えてみてください。

2 好きだった絵本や物語などの本を朗読してみる

自分のことについて、あまり気持ちを言葉にすることができない、思いを込めて話すことが難しい、という人には、本の朗読の練習をおすすめします。

気持ちを話すことがうまくできない、という人は、普段自分の思いを口に出して伝える機会をあまり持たなかったのだと思います。練習として「いいな」と思っている文章をはっきりと声に出して読んでみましょう。小さい子どもに聞いてもらうようなつもりで、わかってもらえるようにゆっくりストーリーを話してみてください。

なかなか、好きな本が浮かばない、手元にない、という人は、ネットの青空文庫からこんな童話などを探して読んでみるのもよいでしょう。

たとえば、以下のような…。

✔アンデルセン　絵のない絵本
✔宮沢賢治　セロ弾きのゴーシュ
✔新美南吉　ごん狐

そして、音声を録音して振り返るようにします。抑揚がなく平板に話してしまいがちな人は、何回か練習してみてください。成長すると、ついつい人は自分の「気持ち」を話すことが少なくなりますが、面接ではこの部分も相手に伝える必要があります。思いを口にすることに慣れておきましょう。

5 マナー

笑顔で感じのよいあいさつを面接の最初と最後に行うようにすると、面接官の初対面の印象はぐっとアップするので、まずはそれを心がけましょう。

ここからは、面接の途中の立ち居ふるまいについての重要ポイントです。対面の面接でどのように振る舞うか、知っておく必要のあるビジネスマナーがあります。入室してから退室するまで、ひととおりの流れやポイントを押さえておきましょう。

1 入室

カバンは肩にかけず、左手に持ち、右手でドアを３回ノックします。「どうぞお入りください」と声があったら「失礼いたします」とドアを開けて入室します。

このとき、面接官に完全におしりを向けないように注意しましょう。

カバンは肩にかけず、手に持ちましょう

2 面接官にあいさつ

面接官のほうを向き、笑顔で「○○大学○○学部○○学科４年の○○○○です。よろしくお願いいたします」と目を見ながらはっきりあいさつし、30度のお辞儀をします。

3 着席

「どうぞおかけください」と言われてから「失礼いたします」と座ります。カバンは椅子の横の床に置きます。もし指定があれば、その場所に置きましょう。背もたれを使わず、背を伸ばして前を向いて座りましょう。女性は軽く手を組んで太ももの上に置きます。男性は肩幅ぐらいに両足を開けて、それぞれの太ももに手を軽く握って置きましょう。

4 話している間

面接官の目を見ながら、なるべく笑顔でにこやかに話すようにしましょう。複数の面接官がいる場合は、全員の目を少しずつ見る時間を作ります。相手が説明をしている場合は、笑顔でうなずきながら聞くようにしましょう。質問に対して「はい」と返事をしてから回答すると好印象です。

話の終わりがわかりやすいように「以上です」とつけて終わるようにしましょう。

5 最後のあいさつ

「本日の面接は以上です」などと終わりの言葉を告げられたら、立ち上がり、カバンを両手に持ち「ありがとうございました。どうぞよろしくお願いいたします」と面接官の目を見ながら笑顔で伝え、丁寧に45度のお辞儀をします。

6 退室

ドアのところで面接官に向かい、もう一度「失礼いたします」とあいさつし、ドアを開けて退室します。

対面でのあいさつに慣れていない人も多いと思うので、必ず事前に何度も練習しておきましょう。面接官もみなさんが緊張していることはわかっているので、なるべく緊張をほぐすように接してくれると思います。本番では少々間違っても大丈夫ですが、できる限り事前に準備しておくと焦らずに行動できます。実際に動きを確認しておきましょう。

6 心の準備

ここまで印象づくりに必要なポイントや基本的なマナー、準備の方法について学んできましたが、一番大切な点は**「心を整えること」**です。

みなさんは、面接であがってしまう、うまく話せない、というようなことに悩んでいるかもしれません。「面接、苦手だなあ」「いやだなあ」という気持ちではなく「面接での新しい出会い」を楽しむつもりで行きましょう、…とお伝えしても、「そうはいっても、やっぱり…」とネガティブに考えてしまう人もいるのではないでしょうか。

そんな人は、自分の心にふたをしないで、もっと心の中を見つめてみましょう。「否定的なことを考えてはいけないのだ」などと、いま持っている感情を打ち消すのはかえって逆効果です。

「面接で話すのは苦手」という気持ちや、「面接のことを考えると胃のあたりが痛くなってくる」というような身体の状態がある人は、**「そう思っているんだね」とまずは自分の思いを認める**ようにしましょう。

そして、以前の面接や人前で話したことについて、次のような質問に対して答えを書き出してみましょう。

- ✓以前面接で失敗したことがありますか？　それはどんな状況でしたか？
- ✓逆に、これまでにアルバイトの面接や高校入試の面接などでうまくいったことはありますか？　それはどんなふうにうまくいったのでしょうか？
- ✓うまくいった面接とうまくいかなかった面接の両方がある人は、その違いはどこから生まれたのでしょうか？　何があれば今回もうまくいくと思いますか？

さあ、どうでしょうか。失敗したことがある人も少し客観的に状況が整理できたのではないかと思います。

もし、「１回も面接ではうまくいったことがない」という人がいたら、小さい頃から「面接」ではなくても、何かしらうまくいったことを思い出してみてください。

運動会の徒競走で勝った、入試に合格した、お遊戯会や発表会でみんなの前で何かを披露した、など何かしら成功したことがあるはずです。それはどうしてうまくいったのでしょうか？

自信がつくまで何度も練習した、他の人に協力してもらって大丈夫かどうか一緒に見てもらった、「必ずできる！」と信じてひたすら努力した、など様々に行動したことがあるのではないかと思います。

面接も一緒です。心の中で不安に思っているだけで何もしなければ状況は変わりませんが、「相手とにこやかに話をし、伝えたいことをわかってもらえた」という場面をイメージしながら、準備と努力を続けていけばきっと大丈夫です。

応援してくれる人たちもたくさんいますので、自分を信じて練習していきましょう。

必ずすべき準備と練習

1 質問の意図を読み取る

ここからは、面接の内容面の準備に入っていきましょう。
「そもそもどうして面接をするのか」を１章で見てきましたが、採用側が知りたいポイントは、

✓何をしてきた人で、その経験からどんなことができそうな人か
✓どのように思い、考えている人か

でしたね。採用側は、自社に入社した後にこの人がどのような仕事をして、成長し、将来どんな力を発揮してくれそうなのか見極めたいと思いながら面接を行っています。

面接では応募者に対して様々な質問がされますが、どの質問にも面接官の「知りたいこと」「確認したいこと」「不安を払拭したいこと」などの意図が含まれています。まずは、面接官の気持ちや立場をイメージしながら、おもによく聞かれる質問の意図を把握していくことが必要です。
「仕事をしたことがないし、面接官の立場になるのは難しいよ～」と思うかもしれませんが、みなさんがリーダーとしてアルバイトの面接をするとしたら何を知りたいか、自分のサークルで他の大学に代表を出すとしたら、どんな人に投票しようと思うか、のように自分が選考する立場の場合に知りたいことを想像してみるとわかりやすくなります。

次のページから「おもな質問の意図」を確認していきましょう。

2 質問の種類は大きく3つ（プラス1）

面接でされる質問はいろいろなものがありますが、どの企業でも必ず聞かれるものには、とても大きく分けると「３つプラス１」の４種類あると私は考えています。

「あれ？①学生時代に力を入れたこと（ガクチカ）と②自己PRと③志望動機じゃないの？」と思った人もいたでしょうか。確かに、

① 「学生時代力を入れたこと」などのようにその人の経験や努力してきた行動、その結果を知りたいという質問

② 「自己PR」などのように、その人の強みや長所、得意なこととそう言える根拠となる具体的な行動を知りたいという質問

③ 「なぜこの会社、業界を志望したのか」などのように、他社ではなくどうしてうちの会社で働きたいのか、どうしてこの業界で仕事をしたいのか動機を知りたいという質問

この３種類は、質問の表現は違うかもしれませんが、必ず聞かれます。

ESでも問われてきた質問ですよね。「プラス１」の解説は後でするので、まずこの３種類について見ていきましょう。

3 三大質問の意図

「学生時代力を入れたこと（ガクチカ）」「自己PR」「志望動機」の３種類は俗に三大質問、などと言われますが、そのままの言葉で聞かれるとは限りません。表現の違いについても具体的に確認していきますが、言い方は違っても、同じような内容であれば、採用側の知りたいことはほぼ一緒だと思っておいてよいでしょう。

1「ガクチカ」の質問例

- ✓「学生時代に力を入れたことについてお話しいただけますか？」
- ✓「学業以外で力を入れたことはどんなことですか？」
- ✓「学業で力を入れたことはどのようなことですか？」
- ✓「○○ではどのように活動していたのですか？」（○○はサークル、アルバイト、ボランティアなどESに書いてある内容）

このような質問は、どれもあなたがどんな思いや考えでどのように頑張ってきたのか、どのように努力をしてきたのか、その行動の過程が知りたいという質問です。「学業以外で」とか「学業で」「アルバイトで」とか限定されるときもあるかもしれませんが、その中でどのように行動してきたのか具体的に聞きたい、という点についての意図は同じです。

面接官は「うちの会社に入社したら、どんな経験を応用して仕事をしてくれるか、その人のポテンシャルを知りたい」と考えています。具体的なエピソードを必ず話すようにしましょう。

2「自己PR」の質問例

- ✓「自己PRを○分間でお願いします。」
- ✓「あなたのセールスポイントは何ですか？」
- ✓「あなたの長所はどのようなことですか？」
- ✓「あなたの強みをお聞かせください。」
- ✓「自分の得意なものを教えていただけますか？」
- ✓「自己紹介を○分でお願いします。」

このような質問は、どれもあなたが「自分のよいところ、長所、強み、得意なもの」をどのように自覚しているのか、なぜそう言えるのか、その根拠であるこれまでの経験が知りたい、それを入社してから自社の仕事でどのように発揮できそうか知りたいという質問です。「自己紹介」については、「ガクチカ」の内容で伝えることもできますし、「自己PR」の内容で伝えることもできますが、必ず「どのように努力してきたのか、工夫してきたのか」という具体的なエピソードを話すようにしましょう。

3「志望動機」の質問例

- ✓「なぜ弊社を志望したのですか？」
- ✓「なぜこの業界を志望したのですか？」
- ✓「弊社でやりたい仕事は何ですか？」
- ✓「どうしてこの業界の他社ではなくうちなのですか？」
- ✓「弊社のどんなところに魅力を感じますか？」

※弊社、当社→自分の会社をへりくだって言う表現

このような質問は、どれもなぜこの会社や業界、仕事に興味を持ったのかを知ることで、「長く定着して意欲的に働いてくれそうな人かどうかを見極めたい」「内定したらうちの会社を選んで必ず入社してくれるか知りたい」という質問です。業界についての興味も聞かれる場合がありますが、多くは、自分の会社をどのように思っているのか、どのように役立ちそうな人か知りたいと考えています。同じ業界のどの会社にも同じ答えでは、あまりこの企業について調べていないことがわかってしまいます。具体的に説明できるように準備しましょう。

Q. 面接では、エントリーシートの内容と違う回答をする必要がありますか？

A. そんなことはありません。同じ人の経験や考えを伝えるのですから、逆に面接でまったく違ったことだけを話したら一貫性がなくなってしまいます。

ここでも、採用側の視点から考えてみることが大切です。ESは書類選考にだけ使われ、あとは読まれない、などということはありません。

採用側は応募者数も多いので、まずは書類選考で「うちの会社について真剣に興味を持って応募している学生か」「うちの会社で求める力を持っていそうな学生か」を確認してふるいにかけます。筆記試験も客観的な指標としてその中で参考にされます。

その後、「ESに書かれている内容は本当にその人が努力してきたり、考えてきたりしたことなのか」面接で直接本人の口から話してもらい、確認しようとしているのです。もちろん、書類に書ける量は限られています。面接でさらにいろいろな角度から質問が来るでしょう。ESや履歴書に記入した内容「だけ」を話すのではなく、プラスしてさらに具体的に説明するようにする必要がありますが、ESに沿って伝えられるように準備しましょう。

回答の構成の基本

３つの種類の質問の意図について、応募書類との関連についてここまで見てきましたが、どんな質問であっても必要なことは、

✓何を伝えたいのかわかりやすく順序立てて話す

✓最も伝えたい「結論から」話す

ということです。

ESや履歴書の応募書類でも三大質問を重要なこととして意識して書いたかと思いますが、直接口から伝える面接でも重要性は同じです。

私はみなさんのような学生の就活サポートを行うのと同じく、企業での新入社員研修や若手社員の研修に携わることも多くあります。研修を企画する人事側の方たちからよく出されるのは「社内で、短い時間でわかりやすく話が伝えられるように教育してほしい」という要望です。

採用側は、入社した後の仕事への取り組み方やポテンシャルをイメージしながら応募者を見たり、話を聞いたりしています。「すでに話し方の基礎は身についている人なのだな」と思ってもらえるように、結論から先に、順序立てて具体的に伝えるようにしましょう。

また、人は、話が長くなると聞いていても頭に入ってこなくなります。面接で話す量が長くなりすぎないように気をつけます。相手からの指定がない限りは、１分～１分半程度で話を区切るようにしましょう。

次ページからの順序で話を組み立てると、相手に理解してもらいやすくなります。

回答の構成の例

例「学生時代力を入れたことは?」という質問に対して

1 最も伝えたい結論

例 力を入れたことは学園祭の実行委員の活動です。

2 力を入れた理由、思い

例 新型コロナウィルス感染拡大後初めて実施するリアルなイベントだったため、みんなが心から楽しめる場を作りたいと2年生で委員会に入りました。

3 目標または課題

例 コロナ禍で活動縮小しているサークルも多くて参加団体を集めることが第一の課題でしたが、久々の催しを何としても成功させたい思いで取り組みました。

4 努力、工夫した行動の具体例

例1 まず、数年前参加していた部やサークルに連絡をとり、思いを伝え、実行委員が企画や運営の進め方をバックアップすると説明しました。昨年はオンラインで開催した学園祭を今年はどのように進めていくのか、わかりやすい流れを書いた資料を私が提案して作成し、4人のメンバーで1団体ずつ分担して参加を呼びかけました。

例2 全部で80団体ほどに話をしましたが、やり方のサポートを示したことでだいぶ不安が減り、休止している団体以外の68団体が参加することになりました。「メンバーを増やす機会にできそう」という声ももらい、10月の実施に向けて４か月間参加団体に連絡を取りながら準備を続けました。

5 その結果

例 その結果、高校生や在籍の学生、卒業生などから３年前のイベントよりも10%以上多い入場者を集めることができました。

6 この経験から学んだこと

例 この経験から、自分の思いを周囲に伝えて行動することやチームで協力して目標に向かうことの重要性を学びました。

7 その企業の仕事で生かせること

例 身につけた行動力や周囲を巻き込む力を貴社の○○職でも生かしていきたいと思います。

この例を見てもわかるように、限られた時間の中でも、

- ✓話の中に自分の思いや具体性を入れる
- ✓エピソードは１つに絞って詳しく努力した過程を伝える
- ✓行動の結果だけでなく、そこから学んだことも話す

ことも重要です。

あまり長くなるようなら最後の⑦まで一度に話すのではなく、志望動機などの別の質問をされたときなどに分けて伝えてもよいですが、⑥の「学んだこと」までは伝えるようにしましょう。

練習・準備の仕方

基本の構成がわかったところで、どのように練習や準備をすればよいか確認していきます。

ESの内容はみなさんの頭の中に入っていますか？ 面接で暗記しているように話すのはかえってマイナスですが、書いた内容について語れるようにしておく必要はあるので、まずESを読んでおきましょう。

次に、おもに面接で聞かれると思われる質問を想定し、それに対する答えを作成していきます。まずは、P.85にあげた「三大質問」について答えられるようにしましょう。答えはそれぞれ1分～1分半に収まるぐらいの量にします。その際に、P.90-91「基本の構成」を使って回答するようにします。

先ほどは、「ガクチカ」で練習してみましたが、「自己PR」ではこのように構成するとよいでしょう。

①結論：自分の強みを1つ伝える
②その理由：なぜそう言えるのか、どんな活動に表れていたのか伝える
③目標や課題だったこと：何が目標だったか、何が困難だったのか、それに対してどのような思いで取り組んだのか伝える
④努力した具体例：どのように努力、工夫し行動したのか過程を伝える
⑤結果：その結果どうなったのか伝える
⑥学んだこと：この経験から得たことや学びを伝える
⑦仕事との結びつけ：この強みを応募企業の仕事でどう生かすか伝える

「志望動機」の場合７段階の構成ではありませんが、必ず結論から始め、後ろに具体的な根拠、理由を伝えるようにします。

まったく何も目に見えるものがないと忘れてしまってうまくいかない、という人も多いので、質問への答えをまずは書いて準備しましょう。

「ガクチカ」「自己PR」は「他にありますか？」と聞かれることもあります。ESに書いた内容だけでなく、エピソードや強みを複数作っておく必要があります。

中身を準備したら、「声に出して話す」練習を必ずしましょう。面接は相手に言葉で伝えて初めて内容を理解してもらえるものです。頭の中でただ考えているだけでは上手になっていきません。

✓誰かに面接官として質問をしてもらい、答える練習をする
✓１人で行う場合は、鏡を見ながら自分の表情や視線も確認しつつ声を出して話す練習をする
✓話しているところを録画して振り返りながら修正する

というように取り組みましょう。一番有効なのは、私のようなキャリアコンサルタントに面接官役をお願いし、フィードバックをもらうことです。次に、社会人で働いている人か就活をしている友だちに相手になってもらい、コメントしてもらうことが有効です。可能であれば実行しましょう。

１人で実施する場合は、想定される質問を、10cm四方ぐらいの小さなメモ用紙１つ１つに書いて裏返し、トランプの神経衰弱のようにアットランダムに引いて何も見ないで答える、という練習をすることをおすすめします。こうすれば、「質問の順番を覚えてしまって練習にならなかった」ということがなくなります。最近では、AIによるネットでの面接練習ができる求人サイトもあります。活用してみるのもよいでしょう。

練習の際には、印象面も含め、以下のような項目をチェックしながら答え方や内容を修正していきましょう。

□視線は面接官を見ているか
□笑顔はあるか
□きちんとしたお辞儀などのあいさつができているか
□はっきりした声で話しているか
□背をまっすぐに姿勢よく座っているか
□結論から話しているか
□自分の思いや考えも入れて話しているか
□努力した行動のエピソードを具体的に伝えているか
□結果について伝えているか
□経験から得た学びを話しているか
□話の長さは長くても１分半程度になっているか

近年の面接で特に問われていること

Q. 三大質問以外のプラス もう1種類って何ですか？

A.「応募者の内面（価値観や興味、思いや考え）についてより掘り下げる質問」です。

新型コロナウィルス感染拡大を経験後、私たちの活動はオンラインを通すことがはるかに多くなりました。みなさんの学生生活も授業やサークル活動などについて対面で集まれないことで制限されてきただろうということを採用側もわかっています。

そのため、「ガクチカ」や「自己PR」の具体的なエピソードを多く語れない学生がいるかもしれず、それだけでは応募者のスキルやポテンシャルを理解することができないと採用側は考えているのです。

もちろん、「どのように行動したのか」を伝えることは重要ですし、これからも「力を入れたことは何か」の質問はなくならないでしょう。それにプラスして、「自分がどのように思っている（思っていた）のか」のように内面を掘り下げる質問も多くされると意識しておいてください。

質問の例

- ✓「あなたの就職活動の軸は何ですか？」
- ✓「あなたが仕事をするにあたって大切にしている価値観はどのようなことですか？」
- ✓「あなたにとっての人生のターニングポイントとはどのようなことだったのですか？」

✓「なぜ今の大学を選んだのですか？」
✓「なぜ今の学部を選んだのですか？」
✓「なぜ○○をしようと思ったのですか？」
（※その資格を取ろうと思った、そのサークルに入った、そのゼミを選んだ、など過去の行動の動機を聞く質問）
✓「５年後、10年後にどのようになっていたいですか？」
✓「子どもの頃どういったことに興味がありましたか？」
✓「最近のニュースで興味があるのはどのようなことですか？」

このような質問は、「志望動機」の質問と似ていますが、「応募している企業についてどのように思っているのか」が志望動機なのに対し、「その人自身の思いや考え」を知りたいという点が大きな違いです。

「その人の根底にある信念（ときに思い込み）や価値観、何かを決断する動機となるものは何か」について聞いておくと、採用側の企業の方針や文化、求めるものとマッチするかどうかがより明確になると考える企業が以前より増えていることを認識しておきましょう。

また、どんな企業でもよく聞かれる質問もあれば、志望業界や企業、職種によってよく聞かれる質問の傾向があったり、「最終面接でよく聞かれる質問」のように、面接の段階によっての質問傾向の違いも当然あります。それらについては、４・５章で確認していきましょう。

自己分析ってどうするの？

ESではそれなりに自分のことを書いたけど
面接でこんなに深掘りされるんだと思うと
自己分析が足りてないって改めて思いました…

航空業界の総合職に行きたくて志望企業もあるんだけど、
こんなに自分のことを話せるかなあ。

自分では自己分析したつもりなのですが自信がないです。
考えた強みが志望企業に本当に求められているものなのか
わからなくなってきました。

ESの質問に答えられるように書き出してみるのと、ネットの適性診断で強みを探してみたのと…、あとどうやって自己分析すればいいのでしょうか？

けっこう面接の前になると自分についての掘り下げがもっと必要だなあと思う人が多いんですよね。

第一に重要なのは、大学生活で取り組んできたことをできる限り書き出してみることです。勉強のこと、ゼミや研究室のこと、アルバイト、サークル、部活動、ボランティア、趣味のこと、資格取得のこと…なんでも構いません。箇条書きのみではなく、思っていることや感じていることも含めてたくさん書いてみてください。

そのとき、詳しいやり方、数字（人数、期間、時間、件数など）、アルバイトの用語といった具体的な言葉も入れて事例を書いてみましょう。

次に、小学校のとき、中学校のとき、高校のとき、大学受験のとき、というようにさかのぼって自分について思い出してみます。

✓何が好きだったのか、それはなぜか
✓どんなことに熱中していたのか、なぜ好きだったのか、どのように行動していたのか
✓仲のよい友だちは誰で、何にどのように取り組んでいたのか

中学時代や高校時代は、勉強のことについても好きだった学科や面白かった理由を書いてみましょう。

また、小学校から大学の現在までを見渡して、次のようなことも出してみましょう。

✓大変だったことは、いつのどのようなことだったのか、それをどのように乗り越えてきたか
✓以前の自分と比べて変わったな、成長したなと思うことはどんなことか
✓分岐点（ターニングポイント）だったと思うところはあるか、それはなぜか、どのようなことがあって自分が変化したのか

きっと、現在につながるモチベーションの源泉や、継続して得意なことも見つかるのではないでしょうか。

次のページからは、みなさんの具体的なケースや質問にもお答えしながら、自己分析の深掘り方法を確認していきます。

志望業界が絞れない人の場合

Q. 金融、メーカー、インフラ、広告代理店、サービス系、というようにいろんな業界の企業に30社ほど応募して、結局面接に通ったところは業界がまちまち。もっと自己分析をして業界を絞ったほうがよいのでしょうか？

A. 業界を１つに決めて応募する人のほうが少ないので、そこはそんなに気にしなくて大丈夫です。大学生活でどんな活動をしてきたのか、高校以前はどうだったのか、前ページを参照に、まずできるだけ詳しく出してみてください。

それが終わったら、「自分が仕事を選ぶときに大切だと思う価値観」の優先順位をつけていきましょう。

価値観とは自分が何かを判断するときに「これは絶対大事にしたい」「これは外せない」「これは正しい」「これが好き」と思う基準となる考え方のことです。

Ａさんがいろんな業界を見ている、ということは「絶対に〇〇業じゃないと興味がない」という業種重視価値観は持っていないということではないでしょうか。

あまり深く考え込まずに「自分が仕事をする」と考えたら、「これは大切」というものを思いつく限りあげてみます。

例えば、次のような10個の価値観が出たとします。

✓人間関係　✓成長できること　✓人の役に立つこと
✓お金　✓英語が使えること　✓自分で考えて企画できること
✓協調性　✓たくさんの人と関わること　✓安定　✓思いやり

この10個のうち、どれが１位、２位、３位…と優先順位をつけてみるのです。同点はなしで、必ず１位から10位までをつけてみてください。

そうすると、Ａさんがなぜ「業界」ではなく、何を基準に判断して業界を越えて企業を選び、いいなと思ったのかがもっとわかりやすくなるのではないでしょうか。

特に、１～３位に選んだ価値観は、現在のＡさんの中でとても大切な欠かせないものです。

例えば、１位「たくさんの人と関わること」２位「自分で考えて企画できること」３位「成長できること」という順番がついて、「安定」は10位だった、とします。その場合、「安定しているけれど、自分の考えで何かを作り出す仕事ではない大きな企業」はＡさんの志望とはマッチしないかもしれませんね。そんなふうに、自分の軸を見つけ出していくと面接の志望動機の回答も、より明確になり、伝えやすくなっていくのではないかと思います。

自分がよくわからない人の場合

Q. 話しているうちに、話が飛んでしまうことがよくあります。自分のエピソードを話していても何をしゃべっているのかよくわからなくなってきたり、自己分析をしても自分の強みは本当にそうなのか、自信がありません。どうしたらよいでしょうか。

A.「本当に強みってこれだろうか」と思ってしまうこと、よくありますよね。自分がどんなことをしてきたか、興味を持って行動してきたエピソードはたくさん書き出せていますか？　小・中・高・大学とできるだけ書いてみてくださいね。それを使って改善していきましょう。

まず、エピソードを言っているうちに話がよくわからなくなるということですが、「伝え方の基本の流れ」を意識して話せていますか？

パソコンの前で録画しながら話す練習をしてみましょう。カメラの横に、基本の順番だけ「1．結論　2．その理由　3．目標や課題…」のような箇条書きのふせんを貼って話し、録画を後で振り返ってどこが外れてしまっているか確認する、といったことを繰り返します。

話が飛んでしまう人によくあるのが、「結論で伝えたことから話題がそれてしまう」「エピソードで話したことと違うエピソードに行ってしまう」

というパターンです。

例えば、結論として「強みは○○です」と言ったら、その答えの中では違う強みの話はせず、1つのエピソードを例として伝えようと思ったら、その内容のことだけ話すことを意識しましょう。誰かに手伝ってもらい、話が違う方向に行っていなかったかコメントしてもらうとよいですね。

次に「強みがよくわからない」についてです。書き出した多くのエピソードと以下のような強みを結び付けてみましょう。1つのエピソードに対して「これにはこういう強みが当てはまると思う」と設定してみてください。2つ3つ「同じようなことが言えるんじゃないか」というものがきっとあるはずです。

✓問題を解決する力
✓主体的に行動する力
✓思いやりを持って人を支援する力
✓計画的に実行しやり遂げる力
✓相手の話を共感しながらよく聴く力
✓粘り強く目的に向かって努力する力
✓自分から意見を提案し、実行する力
✓困難があっても乗り越える力
✓自分から人と積極的に関わり連携する力
✓ユニークな発想やアイデアを提案する力
✓目標を持ってやり抜く力
✓周りを巻き込んで物事を進める力
✓期限までに必ず完成させる力
✓客観的に物事を認識、分析する力
✓物事に柔軟に対応する力
✓人とよい信頼関係を作る力
✓前向きな姿勢で努力する力
✓チームで協力し物事にあたる力

これがすべてではありませんが、ひとまずこの中にあるか探してみましょう。友だちや家族などに意見を聞いてみるのもおすすめです。

回答と企業のニーズが合うのか不安な人の場合

Q. 理系でエンジニア志望なのですが、自己分析した強みが「他の人とコミュニケーションをとりながら物事を進める」で、「ガクチカ」もアルバイトの取り組みを説明しようとしているので、技術職志望とは合っていないのではないかと不安です。やっぱり学業のことを伝えたほうがいいでしょうか？　研究室もまだ始まっていないのであまり伝えることがないんです…。

A. 就きたい仕事がはっきりしているので、自分がどんな業界が志望なのか、その中のどの企業に特に魅力を感じているのかについても比較的研究しながら応募しているのかと思います。自分が分析した強みや努力してきたエピソードと志望企業のニーズをどのようにマッチさせるとよいのか、一緒に考えていきましょう。

まず、応募した業界の企業でどんな人材を求めているのか、調べた上でESを記入しているでしょうか。きっとある程度調べた上で、「コミュニケーション能力という強みが技術職に合っていない」と感じたのでしょう。しかし、技術系の仕事だとしても、Cさんの強みである「人とコミュニケーションをとって物事を進めていく力」や「主体的に行動する力」「リーダーシップ」といった能力は求められているはずです。もう一度よくホームページなどを読み込んでみましょう。

Cさんがあげた強みは、とくにプロジェクトをチームで推進していくエンジニアの仕事には必要不可欠だと思いますよ。1人でコツコツ物事を処理することは得意だけれども人と接することが苦手だ、という人もいますが、それでは大勢の人と関わる組織での仕事、特にBtoB（企業が顧客）の仕事では力を発揮しにくいので、Cさんの強みはむしろ歓迎されるはずです。

ただし、求められている技術的なスキルをしっかりと理解して仕事で製品やサービスを作り出していけるのかどうかも、もちろん重要なポイントです。面接ではESよりももっとたくさんの項目を質問されると思いますので、「人とコミュニケーションがとれる」という強みや「アルバイトの事例」だけでなく、大学で学んでいる技術面についての取り組み内容も話せるようにしておきましょう。

研究室の活動がまだ途中、ということでも全然問題ありません。

✓なぜその研究室に入りたいと思ったのか
✓テーマは何で、どのような研究をする予定か
✓その前に勉強している科目の中で特に力を入れたものは何か
✓どんな内容に、どのように努力したのか

など、専攻している学業の部分についても詳しく伝えられるように掘り下げておいてください。

可能だったら、同じ研究室の先輩や同じ大学の先輩でその企業に入社した人から情報を聞いておきましょう。より「どのような人材やどのような力を歓迎しているのか」わかりやすくなると思います。

大学の専攻と関係のない職種を志望している人の場合

Q. 理系ですが、専門とは関係ない職種を志望しています。一応ESを書く前に自己分析して、ネットで適性診断もやってみましたが、他にどんなことをしておけばよいでしょうか。三大質問と自分についての掘り下げ質問だけじゃなく、もっと変わった質問も来るんじゃないかと不安です。

A. Dさんは、理系の専攻だけれども、専攻している内容とはあまり関わりのない業界の総合職が志望なんですよね？　そんなDさんに採用側は、「どうして大学の専攻が生かせる技術系の仕事に応募せず、この業界の総合職を志望するのか」、その理由を確認したい、とまず考えるはずです。必ずこの点について説明できるように自分の思いを整理しておきましょう。

そのために、やはり「自分の掘り下げ」をしっかりとしておきましょう。

- ✓なぜこの学部のこの専攻を選ぼうと思ったのか
- ✓勉強していて、技術系ではなく違う仕事がよいと思ったのはいつ頃からなのか、何がきっかけだったのか
- ✓技術系の仕事のほうが就活もスムーズだし、仕事に就きやすいかもしれ

ないのになぜこの業界の総合職なのか
✓特にどんな仕事がしたいと考えているのか

などについて伝えられるように準備しましょう。

本当にここで本音を伝えていいのか、と悩む部分もあるかもしれませんが、ひとまず「自分がどう思い考えているから総合職なのか」を言葉にして自分の気持ちを整理することは必要です。その言い方で企業に話すことが適切かどうかについては、５章で見ていきましょう。

そして、「もっと違う質問もされるのでは？」についてですが、回答を用意できないような質問をして、自分の考えをその場で問うような企業は確かにあります。

そうした「その他の質問」の意図は、ほぼ「あまり考えていなかった質問に対してどのように柔軟に答えるか、自分の考えや理由をしっかりと話してくれるか」を知りたいものだと考えてください。例えば、

✓「あなたを色にたとえると何色ですか？（動物にたとえると、物にたとえると…）」
✓「弊社のサービスでもっとあったらよいと考えるものは何でしょうか？」
✓「あなたにキャッチフレーズをつけるとしたらどんな言葉ですか？」

などのような質問です。こういった場合は、結論として自分の考えを１つ伝え、必ずその理由を説明しましょう。

正解が１つではない質問なので、自分の考えを決めて、しっかりと伝えられればOKですが、志望業界が「自分の企画やアイデア」を求められる業界の場合は、とっさの発想力を磨く練習も必要です。ここは４章で見ていきましょう。

よしっ
だいぶ深く自己分析が
できるように
なった気がする！
ホッ
これだけ準備すれば
ある程度は面接で
答えていけそうだね！
でも業界や企業によって
面接の特徴も違うだろうし
業界研究も必要だよね
私はいろんな業界を
受けているから大変…！
どんなことが
必要なの！？
業界A
業界B
業界C
そうですね
自分研究と同時に
業界・企業研究や
職種研究も重要！
その業界・
企業によって
特によくされる
質問などもあります
4章では
そこを見て
いきましょう！

Part 4

業界・企業・職種研究

金融
（銀行・証券・生命保険・損害保険）

銀行

✓メガバンク
三菱UFJフィナンシャルグループ
三井住友フィナンシャルグループ
みずほフィナンシャルグループ　など

✓新銀行
新生銀行
東京スター銀行
あおぞら銀行　など

✓地方銀行
横浜銀行
千葉銀行
常陽銀行　など

✓流通系・インターネット
イオン銀行
楽天銀行
セブン銀行　など

✓外資系
JPモルガンチェース
モルガン・スタンレー　など

✓信用金庫・信用組合

証券

✓国内
野村ホールディングス
大和証券グループ　など

✓外資系
ゴールドマン・サックス証券
モルガン・スタンレーMUFG証券　など

✓銀行系
みずほ証券
SMBC日興証券　など

✓ネット系
楽天証券
SBI証券　など

生命保険

✓ 国内大手
第一生命ホールディングス
かんぽ生命保険
日本生命保険　など

✓ 外資系
プルデンシャル生命保険
アクサ生命保険
アフラック生命保険　など

✓ 損保系・ネット・独立系
SOMPO ひまわり生命保険
オリックス生命保険
ライフネット生命保険　など

損害保険

✓ 国内大手
東京海上ホールディングス
MS & AD インシュアランスグループホールディングス
SOMPO ホールディングス　など

✓ 外資系
AIG 損害保険
アクサ・ホールディングス・ジャパン　など

企業ごとの特徴を分析し、理解する

金融業界というと、漠然と銀行窓口の顧客に対する対応や企業への融資などを思い浮かべる人もいるかもしれませんが、「銀行」「証券」「生命保険」「損害保険」が、それぞれどんな商品やサービスを扱う事業なのか、業界について具体的に知ることが第一に大変重要です。

法律も変わり、銀行が生命保険を扱える、など業界の垣根が低くなりつつあります。以前からのおもな業務は何なのか、新しく力を入れている事業は何かについてしっかりと研究しましょう。

銀行は、引き続き行われている金融緩和策や「フィンテック」により大きな変革を迫られています。スマートフォンでのキャッシュレス決済や送金が進み、店舗運営ではなく資産運用などの個人向けサービス（リテール部門）を強化するなど構造改革を推し進めているのが国内の銀行だと考えてください。特に地方銀行、信用金庫などは厳しい状況にあり、経営統合なども増えています。

✓変革に対応し、新しい仕組みを作れるリーダーシップ力
✓成果を出すために人と信頼関係を構築できるコミュニケーション能力

などがより求められるでしょう。明るくしっかりとした印象がより好まれます。

証券会社も従来の窓口やネットでの顧客対応だけでなく、スマートフォンへの対応、AIによる分析など変革を進めています。これからは「銀行業務」「証券業務」と線引きせず、同じ組織で進めていく場合も多々あることをよく理解しておく必要があります。金融業界は扱っている商品自体に各社それほど差がないため、各企業のサービスや対応する人材の質に収益が大きく影響される部分があります。「なぜこの業界でこの企業なのか」

面接で何度も確認される場合も多いので、先輩訪問をするなどしっかりと業務内容やその企業の特徴などについて調べて同業界の他社と比較しておきましょう。

生命保険会社は、少子高齢化を背景に医療保険や介護保険などのニーズが伸びている業界です。以前は職場や家庭訪問の営業手法がメインでしたが、「来店したお客様への対応」「代理店の支援」の活動が主流になりつつあり、コロナ禍を経て特にネットやスマートフォンでの申し込み、問い合わせ対応の伸びが顕著です。前のページにあげた力にプラスして、

✔顧客の人生全般に大きく関わる商品のため、医療の知識や保険商品の知識など常に向上心をもって学んでいく力

も必要です。

損害保険業界は、生命保険と違って人ではなく「モノ（家など）」「コト（旅行など）」に対する保険を提案する事業を行います。基本的にお客様へのサービスを行う事業であることは他の金融業界と同じですが、法人営業や代理店への対応が多いことも特徴です。国内市場の縮小に伴い、新しい商品・サービスを作り出せる力も求められています。

いずれも、現場でお客様に対応する職種と本社で総合的、全体的にDX（デジタル・トランスフォーメーション）化や新企画、改革などに携わっていく職種に分かれているはずですので、自分がどの仕事に取り組みたいのか、なぜか説明できるようにしましょう。

交通・運輸

交通・運輸

✓航空
（国内）
日本航空
全日本空輸
スカイマーク
AIRDO
Peach Aviation、ZIPAIR Tokyo などの大手グループ LCC　など
（外資）
カタール航空
シンガポール航空　など

✓鉄道
（JR グループ）
JR 東日本
JR 東海
JR 西日本　など
（私鉄大手）
東急
近鉄グループホールディングス
小田急電鉄　など

✓海運
日本郵船
商船三井
川崎汽船　など

✓陸運・物流
日本通運
ヤマトホールディングス
福山通運
日本郵便　など

✓倉庫
三菱倉庫
三井倉庫ホールディングス
住友倉庫　など

几帳面さと責任感、変化を恐れぬ挑戦心

物流業界は大きく分けて、①コロナ禍以降のネット通販の拡大によって荷物数が大幅に増える陸運・物流業界、②世界のコンテナ輸送量も増えており、国際情勢の不透明さはありつつもやはり好調な海運業界、③物流の普通保管だけでなく冷蔵保管やコンサルティング事業などにも手を広げる倉庫業界とあり、それぞれ特徴がありますが、どれも社会の動きによって大きな変化の中にあることがわかります。

倉庫や陸運・物流、海運業界の仕事は、業界ごとにより詳細な特徴はありますが、共通して

✓**物の動きに関心を持っている**

✓**几帳面さや、荷物を預かってしっかり管理することが必要なため、責任を持って人やモノ、スケジュールをきちんと管理することが得意**

という強みが役立つでしょう。

きっちりしていることや責任感を求められるのは航空業界、鉄道業界（交通）でも同じです。お客様への「柔軟な対応力」も同時に重要ですが、

✓**安全にお客様を輸送するために、ルールや規律はしっかり守る**

ことも大切です。定時運行を守り、問題なく安全に輸送することに必要な知識を常に学び、運用していく姿勢が求められています。以前ある鉄道会社の面接で「規律を守るとはどういうことか」という質問があったのは、このような心構えを確認したいためです。

また、コロナ禍を経てオンライン化が浸透し、世界でも国内でも人の動きは以前と同じ状況には戻らないでしょう。ビジネスモデルも今後大きく変わるかもしれません。「変化を恐れず、新しい試みにも挑戦していく姿勢があること」もこれらの業界では求められています。

旅行・ホテル・レジャー

旅行・ホテル・レジャー

✓旅行
JTB
KNT－CTホールディングス
エイチ・アイ・エス
日本旅行　など

✓ホテル
（国内）
帝国ホテル
ホテルオークラ
リゾートトラスト
星野リゾート　など
（外資系）
マリオット・インターナショナル
ヒルトン・ホテルズ&リゾーツ　など
（ビジネス系）
東横イン
アパホテル　など

✓ブライダル
テイクアンドギヴ・ニーズ
ワタベウェディング　など

✓テーマパーク
オリエンタルランド
ユー・エス・ジェイ
よみうりランド　など

体験と感動を優先して選ぶなら

旅行、ホテル、テーマパーク、ブライダルなどの業界は、まず自分自身がそういった体験する「コト」が好きであることや、お客様にそのような楽しい体験を味わっていただきたいというホスピタリティがあることが第一条件となります。

そのため、自分の興味のあることで人のために何か役に立ちたい、人に感動してもらい、ありがとうと言われることがうれしいという思いが、「土日休み」「勤務時間」などの働き方へのこだわりよりも強い人、「お客様のために」を重視して協力して物事を行うその企業の方針や社風などに共感できる人にマッチしていると言えるでしょう。

また、これらの業界の仕事は、ホテルのフロント業務、ブライダルコーディネーター、営業職のように、お客様と直接対面して接客することがメインの仕事と、旅行の企画、テーマパークの運営管理マネジメントやマーケティングなどのような総合職の仕事、レストランの調理、添乗員のような専門職に大きく分かれます。

お客様対応がメインの**現場の仕事志望の場合**は、特に第一印象がとても重要です。清潔感のある身だしなみ、笑顔、礼儀正しさ、丁寧な態度などを他の業界よりも一層心がけましょう。

また、**総合職の場合**は、お客様の視点を持ちながら自分で考える、自分で提案ができる力や、チームワークを重視してみんなを目標に向かって1つにまとめる力が求められるでしょう。

みなさんもわかっているように、海外からのお客様と接することも多い仕事です。英語力は必要ですので勉強しておきましょう。

ただし、国内系か外資かなどにもよりますし、企業ごとに特徴が異なります。同じ業界の中で比較しておきましょう。

飲食・フードサービス

飲食・フードサービス

✓ファストフード
日本マクドナルドホールディングス
日本 KFC ホールディングス
モスフードサービス
ダスキン（ミスタードーナツ）　など

✓ファミリーレストラン
すかいらーくホールディングス
サイゼリヤ
ロイヤルホールディングス　など

✓居酒屋
コロワイド
ワタミ
モンテローザ　など

✓喫茶
ドトール・日レスホールディングス
スターバックスコーヒージャパン　など

✓中食・宅配
オリジン東秀
プレナス
ドミノ・ピザ　ジャパン　など

✓その他　チェーン店のフードサービス
吉野家ホールディングス
ゼンショーホールディングス（すき家、なか卯など）
王将フードサービス　など

リーダーシップとコミュニケーション能力がカギ

一口に「飲食」と言っても、お客様がその場で食べる場を提供することがメインの業界と、テイクアウト、宅配も取り扱っている業界、宅配か持ち帰りのみの業界とで、業務の形態は大きく分かれます。自分が志望する企業はどの形態なのか、なぜその企業に魅力を感じたのかしっかりと研究しておきましょう。実際に自分で食べる体験ができる企業が多いと思います。実際に店舗に行って味わってみて、他社との比較をしておくとよいでしょう。

店舗をたくさん持つ大きなチェーン店も多く、現場の店舗のスタッフはアルバイトやパートの人がほとんどのため、正社員はその人たちをマネジメントし運営をしていくことが求められます。リーダーとして人とコミュニケーションをとった工夫や、相手の話をよく聞き対応した努力などを伝えられるとよいですね。

また、日本マクドナルドホールディングスのように、店舗スタッフを経験後、多岐にわたる職種をキャリアとして選べる企業もあります。

✓**自分は将来どのような仕事がしたいのか、それはなぜか**

を説明できるように準備しましょう。

飲食業の場合、他業界と違う特徴的な質問に

✓**将来独立したいと考えていますか？**

というものがあります。お店を持ちたいと思って就職を希望する人もいるかもしれませんが、企業のホームページや説明会をよく調べ、独立を応援する、フランチャイズ支援の制度などをはっきりうたっている会社でない場合は、本音をいきなり言わないほうがよいでしょう。

おもな業界の特徴⑤

流通小売

流通小売

✓百貨店
三越伊勢丹ホールディングス
高島屋
J・フロント リテイリング（大丸、松坂屋） など

✓専門店
良品計画（無印良品）
ニトリホールディングス
ファーストリテイリング（ユニクロ、GU） など
※それぞれ製造も自社で行っていることが多い

✓スーパー
イオン
セブン&アイ・ホールディングス（イトーヨーカ堂）
西友　など

✓コンビニエンスストア
ローソン
ファミリーマート
セブン&アイ・ホールディングス（セブン-イレブン・ジャパン） など

✓家電量販店
ヤマダホールディングス
ビックカメラ　など

早期に一人前になれる。まずは現場への意欲を

流通小売の中でも「百貨店」「専門店」「スーパー」など業態が様々に分かれています。また、専門店などは扱う商品が企業によって大きく違います。単に、人と接することが好きだから、人に喜んでもらうことが楽しいから、だけではなく、

✓自分がどのような商品や対象の方に関わりたいのか、それはなぜか

を軸に面接で伝えられるように準備しましょう。

自分の興味がある「インテリア」「アパレル」「食品」などの商材について将来的には商品開発や仕入れ、マーケティングに関わっていきたいと志望する人も多いかもしれませんが、基本的にはまずお客様への販売、店舗運営の仕事の経験が必要な業界です。中には基本的に「店長候補」としての募集だ、と求人にはっきり書いている企業もあります。そこは、ホームページの先輩の声をしっかり読むなどして自分の答えを対策しましょう。

様々な職種へのステップアップが可能だとしても

✓将来どのような仕事がしたいか、それはなぜか

について聞かれることが多いと思います。あくまでも現場での経験を積んでいきたいと意欲を示しながら5年後、10年後になりたい自分を具体的に伝えていきましょう。

現場の店舗スタッフの多くはアルバイト、パートの人たちです。社員は早く一人前になり、人材育成や責任者としての仕入れ業務に携わることを求められるので、どんどんと目標に向けて努力していきたい人は自分の就きたい仕事にいち早くスキルアップできる機会もたくさんあり、向いていると言えます。

基本的に個人のお客様が対象のビジネスのため、変化する社会や流行、人の行動にアンテナを張る必要があります。新聞やニュースを知るようにしましょう。

製造

（食品・飲料・化粧品など生活関連）

食品・飲料・化粧品など生活関連

✓食品・飲料
味の素
日本水産
キリンホールディングス
明治ホールディングス
日清製粉グループ本社　など

✓医薬品
（国内）
武田薬品工業
エーザイ
第一三共　など
（外資）
ファイザー
グラクソ・スミスクライン
ジョンソン・エンド・ジョンソン　など

✓トイレタリー
※化粧品製造もあわせて
行っている企業も多くある
（国内）
花王
ライオン
ユニ・チャーム　など
（外資）
ユニリーバ・ジャパン、
P&G ジャパン　など

✓化粧品
（国内）
資生堂
花王
コーセー　など
（外資）
日本ロレアル　など

「好き」プラス心理や社会への敏感さが必要

食品・飲料業界や**化粧品**、**トイレタリー業界**は、学生のみなさんが小さい頃から日常で関わったり目にしたりすることも多いのでなじみやすく、企業のビジネスをイメージしやすい業界です。「自分が入社したらこんな仕事に携われるんだ」とわかりやすいため、志望する人が多い人気の業界と言えるでしょう。

その分競争率が高く、漠然と「食品の商品開発ができると楽しそうだなあ」などという志望動機では選考を突破していくことが難しいと思います。

生活関連で個人の消費者に届く身近な製品を作っているということは、世の中の動きや人の心理によって売れるか売れないかの激しい競争が繰り広げられるビジネスだということです。

- ✓「あなたの好きな商品は何ですか？」
- ✓「当社の新商品のアイデアをいくつか述べてください」

などの質問も面接ではあります。その企業の作っている製品に興味があり、社会の動きやニーズに敏感なことや探求心が強いことも求められる点の１つです。前項目の流通小売と同様、情報を常に知るように意識しましょう。

また、医薬品製造の業界は、安全性や信頼性の重要性をしっかり理解している人か、専門知識について学んでいる人かどうかも重視します。「今後の医薬品業界がどうなっていくと考えるか」問われる場合もあり、社会的な責任や社会の動きを把握しようとしているかどうかもポイントです。

また、これらのどの業界にも言えることですが「商品開発」の仕事は、粘り強く長期間かけて目標に取り組む必要があります。失敗してもあきらめず取り組み続ける強さを説明できるよう準備しましょう。

製造

（素材）

素材

✓鉄鋼
日本製鉄
JFE ホールディングス　など

✓セメント
太平洋セメント
住友大阪セメント　など

✓繊維
東レ
帝人
クラレ　など

✓紙・パルプ
日本製紙
王子ホールディングス　など

✓化学
三菱ケミカルグループ
旭化成
住友化学　など

✓非鉄金属
三菱マテリアル
JX 金属　など

✓合成ゴム
UBE
JSR　など

✓ガラス
AGC
日本板硝子　など

世界を舞台にBtoBで躍動する業界

「素材」というのは、原料から生産をしたものを指します。「住宅」「自動車」「造船」など社会で使用される製品を作るための材料を製造する業界のことです。

みなさん学生には一番なじみが薄いものかもしれませんが、社会で役に立つモノづくりの中の大切な役割を担う業界です。旭化成のサランラップや繊維業界のように消費者と直結する製品を作っている企業もありますが、製品の手前の材料を製造していることが多いので、おもな取引先は企業で、BtoBのビジネスをしています。

また、全体的に原料を海外から輸入し、それを加工して作っていることが多く、人口減で日本国内の需要は減少傾向なので、海外事業を強化している企業も多数あります。

海外に興味がある人、英語を使って仕事をしたい人、世界中の国々と多様性を認めながら働き、社会の根幹となるモノづくりを支えたいと思っている人などに向いていると言えるでしょう。目の前のお客様からの直接の言葉をもらえるわけではありませんが、広く社会に役立つモノづくりに間接的にでも関われる興味や熱意を志望動機で伝えられるとよいですね。

製造業界を志望する場合は、「モノ」というものがどんな原料を使って、どんな商社という流通経路を通してどのような企業でどんな材料に加工され、その材料を調達して最終的にエンドユーザーに使われるどのような製品になるのか、川上から川下までの全体的な流れを調べておくと役立ちます。

さらに、どんな分野があるのか、技術系でない場合はどのような職種の選択肢があるのか、しっかり調べて面接に臨みましょう。

製造
（電機・電子機器・機械）

電機・電子機器・機械

✓コンピュータ
（国内）
NEC
富士通
日立製作所
（外資）
HP
デル
レノボ
IBM　など

✓家電
（国内）
三菱電機
ソニーグループ
パナソニック
（外資）
ハイアール
サムスン電子
LG エレクトロニクス　など

✓電子部品
京セラ
村田製作所
日本電産　など

✓半導体
ルネサス エレクトロニクス
インテル　など

✓OA・精密機器
キヤノン
リコー
セイコーエプソン　など

✓自動車
トヨタ自動車
本田技研工業
日産自動車　など

✓造船・重機
三菱重工業
IHI　など

✓工作機械
✓ロボット
✓建設機械
✓航空機　など

長期スパンのプロジェクトをチームで動かす

「電機・電子部品・機械」製造の業界は、最終消費者のエンドユーザーが個人なのか企業なのかによって大きく分けることができます。

自動車や冷蔵庫、洗濯機などの白物家電のように個人が購入する製品を作っている企業の場合は、社会のトレンドや人々の心理などに業績が左右されやすいと言えます。生活関連の製造業と同じように、社会の動きやいま流行している新しいものなどに敏感になることも必要でしょう。

「工作機械」「半導体」「重機」「サーバー構築」「ロボット」などの製造業界は、企業からの依頼を受けて受注生産をすることがメインのため、より大きな世界の情勢や景気の影響を受けやすい業界と言えます。一方、ほぼ取引先が企業でBtoBのビジネスですから、とても長期的なスパンで大勢の人が関わるチームで生産のプロジェクトを進めていく仕事となります。そのため、

- ✓**チームではどのような役割だったか**
- ✓**仕事ができない後輩がいたらどのように育成するか**

などのチームコミュニケーションについての質問も多く聞かれます。

また、これは機械製造のどの業種にも当てはまりますが、実際に作る製品が工場などで非常に多くの人たちに長期間使用されるので、品質を保ちながらきちんと動くものに作り上げなければなりません。プロジェクト途中の現場では様々な問題が起こります。改善に向けて、問題解決のために原因を分析しながら行動できる人、論理的に思考することができる人が歓迎されるでしょう。

建設・不動産

建設・不動産

✓ゼネコン
(大手)
鹿島建設
清水建設
大成建設
大林組
竹中工務店
(準大手中堅)
長谷工コーポレーション
三井住友建設　など

✓プラントエンジニアリング
日揮ホールディングス
千代田化工建設　など

✓住宅
大和ハウス工業
積水ハウス
住友林業　など

✓不動産
(総合大手ディベロッパー)
三井不動産
三菱地所
住友不動産
東急不動産ホールディングス
野村不動産
(マンション分譲中心)
大京
三菱地所レジデンス　など
(都市開発)
森ビル　など
マンション・住宅賃貸仲介会社　など

✓住宅設備
LIXIL
TOTO
三協立山　など

住宅販売から都市開発まで、多様な事業

「衣・食・住」の１つで、暮らしに欠かせないものとして関心を持っている人も多いかもしれない業界ですね。

①公共事業や日本だけでなく、海外の都市開発などの大規模な環境を作る仕事に携わりたい（ゼネコンや総合大手ディベロッパー）
②海外で商社などと連携した生産拠点を一括して作る仕事をしたい（プラントエンジニアリング）
③人々が住む一戸建てやマンションの建設、分譲、仲介に関わりたい（マンション分譲、住宅、住宅設備、賃貸仲介）

上記のうち、自分の興味がどこにあるのか整理して探ってみましょう。それによって、

✓なぜ都市開発に関わりたいのか、自分はどのようなコミュニティを作りたいのか

あるいは、

✓自分はどのような一戸建てを提供したいのか、それはなぜか

など、準備すべき質問が違ってくると思います。

そして、大勢の下請けの企業や施工業者を管理し仕事を進める、提携する企業や地権者、自治体などに交渉をするなどの業務を行っていく場合が多いので、リーダーシップやコミュニケーションスキルをより求められると考えましょう。

✓「これまでに苦手だと感じた人はいますか？　その苦手な人と信頼関係を築くにはどのようにしたらよいと思いますか？」
✓「リーダーとして心がけたことはどのようなことですか？」

などのような質問も多く聞かれるので掘り下げておきましょう。

IT系・情報通信

IT系・情報通信

✓通信
NTTドコモ
NTT東日本
NTT西日本
KDDI
ソフトバンクグループ　など

✓ソフトウェア
（外資）
マイクロソフト
アップル
オラクル　など
（国内）
トレンドマイクロ
ジャストシステム　など

✓情報サービス
NTTデータ
日立システムズ、
BIPROGY
野村総合研究所　など

✓ネットサービス・アプリ
（クラウド）
アマゾンジャパン
マイクロソフト　など
（ポータル・検索サイト）
ヤフー
グーグル
MSN　など
（SNS）
ツイッタージャパン
LINE
メタ・プラットフォームズ　など

✓eコマース（EC）
楽天グループ
アマゾンジャパン
ZOZO
メルカリ　など

ニーズが高く、どの業界からも求められる業種

情報通信や**情報処理**を専攻してない文系のみなさんは、漠然と「IT系」とひとくくりにしてしまうかもしれませんが、情報システムを開発・運用・保守する事業の企業やスマートフォンの通信事業がメインの企業、インターネットのポータルサイト運営事業の企業や、SNSを運営している企業など、様々に分かれます。

これらの業界は大きく人材が不足していますので、専門技術を専攻していなかった学生でも学部を問わず応募できる職種が多くあります。そのため、志望度がそれほど高くなくてもESが通ってしまったという人もいるかもしれません。

✔「なぜこの業界を志望したいと思いましたか？」

という質問に答えるために、応募した企業で開発したシステムやネットワークなどがどのように活用されているのか調べてみるとよいでしょう。

あらゆる企業がDXを推し進めているので、とても将来性のある成長できる仕事だと思いますが、意欲を持って常に新しい技術を学び続けることが求められる業界です。

面接では、

✔「〇〇（例エンジニア）になるため学んでいることはありますか？」
✔「今興味のある技術はありますか？」
✔「将来どのような〇〇（例ITコンサルタント）になりたいですか？」

など、現在は文系であっても今後専門的なことを学ぶ意欲や継続性を持っているか、この業界の仕事について調べているかを問う質問もよくなされます。自分の考えを整理し、結論から論理的に伝えられるようにしましょう。

おもな業界の特徴⑪

ゲーム

ゲーム

✓ハードウェア
任天堂
ソニーグループ
マイクロソフト　など

✓ソフトウェア
バンダイナムコホールディングス
コナミグループ
スクウェア・エニックス・ホールディングス　など

✓スマートフォン
サイゲームス
コロプラ
DeNA　など

プログラミングのスキルと協調性も必要

小さな頃からゲームが好きで、ぜひ自分もゲーム制作に携わりたい、と志望する学生も多い人気の業界です。応募者数も多数で、特に文系の学生は「ずっとゲームが好きでした」だけでは書類選考がなかなか通過しないはずなので、面接まで通過できたことにまず自信を持ちましょう。

倍率が高く、入社が難しいゲーム業界の採用には、ゲームが好きで他社のゲームについても広く知識があることやプログラミングを学んでいることは強みとなります。文系の人は、まずは基礎知識でもよいので、情報処理やプログラミングについての勉強を進めておくとよいでしょう。技術系や芸術系専攻の人は卒業制作にも力を入れてアピールに使いましょう。

長期的に多くの人と関わりながら制作していくので、周りとのコミュニケーションの力も重要となります。

- ✓「どんなゲームを作りたいですか？」
- ✓「好きなゲームをもっとよくするためにはどのようにすべきですか？」
- ✓「最近遊んだゲームはどのようなものですか？」
- ✓「チームで何かを成し遂げた経験はありますか？」

など、新卒でも自分が即戦力として役立てる部分を、できるだけ説明できるように準備しましょう。

また、ゲーム業界の中にも多くの職種があります。制作ではなく、マーケティングやカスタマーセンターサービス、メディアとの連携などの新しい企画を作っていく仕事、営業と、様々な仕事についても調べてみましょう。この企業でどのような仕事をしたいのか、伝えられるように考えておきましょう。

商社

（総合・専門）

商社

✓総合商社

（大手）
三菱商事
三井物産
伊藤忠商事
住友商事
丸紅
（準大手）
豊田通商
双日
兼松　など

✓専門商社

（食品）
日本アクセス
国分グループ本社
三菱食品　など
（鉄鋼）
メタルワン
JFE 商事　など
（エネルギー）
伊藤忠エネクス
三愛オブル
岩谷産業　など
（医薬品）
メディパルホールディングス
スズケン　など

決断力と企業への共感性がカギ

企業と企業をつなぎ、よりよい原材料や製品を世界規模で調達し、提供することが商社のビジネスです。**総合商社**は「ラーメンからロケットまで」と言われるように幅広い事業分野を扱い、自ら市場を発掘する、新たな事業構想を作り出すことなども手がけます。

特に大手の総合商社は応募数も多く、非常に難関と言われる業界の一つです。グローバルな視点で世界中とネットワークを結んで仕事をしていきますので、英語は必須ですが、別の外国語習得も役立つでしょう。

また、事業部ごとに扱う商材や特徴が大きく違うので、「入社したら何に携わりたいか」調べた上で明確な意見を持つ必要があります。先輩訪問はとても有効です。可能な限り行いましょう。

専門商社は「食品」「鉄鋼」のように専門分野に特化した取引を行う企業で、事業よりは商品の輸出入や企画・開発がおもな仕事となります。

総合商社にしても専門商社にしても、自立し、大きな決断を自分でしていける人としての本質と、それぞれの企業の方針に対する共感を確認する質問が多く聞かれます。

- ✓「あなたが他の人と違う点は何ですか？　なぜそう言えますか？」
- ✓「あなたを採用するメリットは何だと思いますか？」
- ✓「『人の三井』と言われますが、それはなぜだと思いますか？」
- ✓「商社で何をしたいのですか？」
- ✓「それをなぜ商社でやりたいのですか？」
- ✓「入社したらどんなビジネスパーソンになりたいですか？」

などの深掘りの質問について準備しましょう。しっかりと自分の考えを示し、相手を説得をすることが大切です。

コンサルティングファーム

コンサルティングファーム

✓ 戦略系
マッキンゼー・アンド・カンパニー
ボストン コンサルティング・グループ
ドリームインキュベータ　など

✓ 総合
アクセンチュア
デロイト トーマツ コンサルティング
EY ストラテジー・アンド・コンサルティング　など

✓ 人事系
マーサージャパン
コーン・フェリー・ジャパン　など

✓ シンクタンク系
野村総合研究所
日本総合研究所
大和総研
三菱総合研究所　など

「ケース面接」への対策が必須

企業が抱える課題、または潜在的にまだ表面化していない課題を現状から探り出し、原因分析をして解決策を提案するのがこの業界の仕事です。経営戦略を提案する、IT 化を支援する、など専門分野に特化していた企業が多かったのですが、DX の推進が必要とされる中、総合的に様々な分野を支援するところも増え、採用数も増加しています。

やりがいがあって成長できる仕事で収入も高いため、志望者は多く、難関業界の１つです。

また、この業界の採用試験の特徴として**「ケース面接」**があります。

✓**簡単にはわからないものの数値を論理的に説明することを求められるフェルミ推定系:（例）「日本にあるコンビニエンスストアの数を求める」など**

✓**実際の仕事の中でクライアントから提示されるような「問題」に、限られた時間の中で解決策を示すことを求められるビジネスケース系：（例）「ある百貨店の売上を２倍にするにはどうしたらよいか」　など**

どのように論理的に解決策を提案できるか、思考力や論理性、コミュニケーション力を問われる面接で、１回ではなく、数回このようなケース面接を行う場合もあります。マッキンゼー・アンド・カンパニーやボストン コンサルティング グループの採用サイトには、面接準備対策や求められる力が掲載されています。この業界を志望する人はしっかり勉強し先輩に手伝ってもらうなど、練習してから臨むようにしましょう。日頃から社会の問題やニュースなどについて「なぜ起きるのか」「解決策はどのようなことがあげられるのか」分析し、考える習慣をつけるとよいですね。

また、この業界の採用試験は非常に早く、３年生の冬から遅くとも４月ぐらいには面接が行われますので準備を早くするようにしましょう。

おもな業界の特徴⑭

メディア

（広告・新聞・テレビ・出版など）

メディア

✓広告
（大手）
電通グループ
博報堂 DY ホールディングス　など
（インターネット広告）
サイバーエージェント
デジタルホールディングス　など

✓新聞
（全国紙）
読売新聞グループ本社
日本経済新聞社
朝日新聞社　など
（ブロック紙・地方紙）
北海道新聞
中日新聞
京都新聞　など
スポーツ新聞・夕刊紙　など

✓出版
（総合）
講談社
KADOKAWA
小学館
集英社　など
（地図など）
ゼンリン
昭文社ホールディングス　など
（教育など）
学研ホールディングス
ベネッセホールディングス　など
（文芸書など）
文藝春秋
新潮社
中央公論新社　など
（ビジネス）
日経 BP
ダイヤモンド社
東洋経済新報社　など

✓インターネット・動画配信
AbemaTV
HJ ホールディングス（hulu）　など

✓放送（テレビ・ラジオ）
（地上波キー局）
NHK
日本テレビホールディングス　など
（CS・BS 放送）
WOWOW
スカパー JSAT ホールディングス　など
（CATV）
JCOM　など
（ラジオ）
ニッポン放送　など

専門職希望にはスキルが求められる

マスコミ・メディア業界は、おもに**「広告」「新聞」「放送」「出版」**の4つに分かれます。

また、編集、記者、制作、カメラ、アナウンサーなどのように専門職も多く、営業やマーケティング、編集を一括で総合職として採用し、配属で職種が分かれる出版社もあれば、放送局のように技術職の一部は職種採用を行うところもあります。みなさんが面接準備をしているということは、難しい書類選考や筆記試験を通ったということだと思いますので、これらの業界特有の面接についてしっかりと調べ、準備して臨みましょう。

新聞記者には模擬取材の試験がある、アナウンサーにはニュース読みの試験がある、というように専門職に必要なスキルを問われますが、共通して求められることは

✓**好奇心があり、新しいことに貪欲にチャレンジする意欲**

✓**魅力的なコンテンツを企画し発信することに喜びを感じる**

✓**人に興味が高く、交渉やコミュニケーションが好き**

といった点です。面接では

✓**担当したい番組や自分はその番組でどのようなことができるか（放送）**

✓**〇〇新聞を利用していて感じることは何か（新聞）**

✓**自社の悪いところはどこか（放送）**

のように具体的に自分の考えを説明することが必要となります。新聞やCM、ニュース、番組など志望業界とその企業のもの、競合のものをしっかり見聞きして研究しましょう。テレビ局の試験はとても早く行われます。3年生の冬には面接がありますので早く準備を進めましょう。テレビ局の特徴として、面接会場の態度や行動すべてを、よく観察していることがあげられます。あいさつ、視線、表情などにも十分気をつけましょう。

おもな業界の特徴⑮

各種公務員

（国家・地方）

国家・地方公務員

✓ 国家公務員

（行政府職員）

国家総合職

国家一般職

（専門職）

国税専門官

労働基準監督官

航空管制官　など

立法府職員衆議院事務局職員

参議院事務局職員

司法府職員

裁判所事務職員

✓ 独立行政法人等職員

国際協力機構　など

（※公務員に準ずる仕事）

✓ 地方公務員

都道府県職員（東京都庁職員　I類 A、I類 B、II類）　など

政令指定都市職員

特別区職員（東京都 23 区の職員）

市町村職員

都道府県警：警察官、警察事務　など

調整力やストレス耐性は共通する必要要素

公務員は「国家」と「地方自治体」の２つに分かれ、その中で役割の種類があります。社会人が応募可能な職もありますが、今回は大卒程度の新卒の面接試験についてのポイントや求められる人材について解説します。

国家公務員に求められる資質を、人事院はこのように明記しています。

✓従来の考え方、手法、行動様式等にとらわれない弾力的かつ柔軟な発想、行動基準、価値観、業務改善等が求められる

社会の大きな変化に伴い、総合職は政策を企画立案し、国をどのような方向に進めたいのか柔軟に発想できる力を求めていますが、一方で、規律や公平性、法令順守なども必要な要素となります。

試験内容としては、人事院で集団面接やディスカッション、個人面接があり、その後各省庁訪問で最終面接があります。最終まで内定ではないので気をつけましょう。

地方公務員は、**都道府県職員**か、**特別区や市町村職員**かで担当する役割が大きく違います。自治体の政策に幅広く関わるのが都道府県、住民の暮らしにより具体的に関わり対策を実施するのが特別区や市町村職員の仕事です。求められるものの違いも理解しておきましょう。

また、どの公務員でも重視される点に周囲との調整をとる力や様々なストレスに強いことがあります。

基本的な質問の他に

- ✓「なぜ民間ではなく公務員なのか」
- ✓「なぜ他の自治体ではなくここなのか」
- ✓「どのような仕事に携わりたいのか、なぜか」
- ✓「どこを併願しているのか」

などは必ず聞かれます。突っ込んで掘り下げて聞かれることも多いので、他の人と話す練習をするようにしましょう。

医療・介護

医療・介護

✓ 医療

（国公立・公的病院）

国公立大学病院
労災病院
都道府県立病院
赤十字病院、済生会病院　など

（民間病院）

徳洲会グループ
私立学校法人（例　慶応大学、日本医科大学）
社会福祉法人（例　三井記念病院）　など

✓ 介護

介護福祉法人

（総合）

ニチイホールディングス

（訪問介護・通所介護中心）

ユニマット リタイアメント・コミュニティ
ソラスト
セントケア・ホールディングス　など

有料老人ホーム

（サービス付き高齢者住宅）

SOMPO ホールディングス
ベネッセホールディングス
ウチヤマホールディングス　など

（グループホーム）

学研ホールディングス
メディカル・ケア・サービス　など

（介護用品）

パラマウントベッドホールディングス
フランスベッドホールディングス
エラン　など

顧客満足を追求していく姿勢が大切

医療業界の就職先の多くは医療法人、**介護業界**の場合は介護福祉法人となります。その中に大きく分けて**看護師**、**理学療法士**、**介護福祉士**などの専門職と営業、総務、経理、人事などの事務総合職の仕事があります。

どの種類でも、患者さん、高齢者の方を第一に思いやりを持ち、安心安全のために基準をきちんと守ることや、信頼される誠実な態度が求められます。専門職は成長や自分自身の勉強がやりがいの仕事ではありますが、そこを優先にアピールしないようにしましょう。**相手への配慮、多様な立場や年齢、価値観の人たちが集まって仕事をしている組織の中で協調性をもって対応できる点、真面目に素直に仕事に向き合っていく姿勢**がまず求められます。

病院など医療系、介護系の施設などの**事務総合職**は、公共性の高い社会貢献できる仕事で人気が高いですが、人の死や病気を直接目にしたり、休日が不規則だったりするかもしれず、思うよりキツイ仕事かもしれません。現実を理解して志望しているか、面接でも確認の質問があるでしょう。

民間の介護施設や介護用品業界も公共性の強い事業ではあります。しかし同時に、民間企業なので高齢者や家族の方はお客様となります。顧客満足を追求していく姿勢も大切になると思いますので、自分の仕事の目標達成（例：勉強したい）を優先に目指したい人には向かないでしょう。

✓「自分がこの事業、組織にどのような貢献ができますか？」
✓「高齢者の方にどのようなサービスを提供したいですか？」

などの質問について説明できるよう準備しましょう。

エネルギー・インフラ

エネルギー・インフラ

✓電力
(一般送配電事業者)
東京電力ホールディングス
東北電力
関西電力
中国電力　など
(特定送配電事業者)
イーレックス　など
(送電事業者)
J－POWER　など
※小売電気事業者：東京ガス、など小売りのみを行う企業多数

✓ガス
(大手)
東京ガス
大阪ガス
東邦ガス　など
(参入)
ジクシス
アストモスエネルギー　など

✓石油
(元売り)
出光興産
ENEOS ホールディングス
コスモエネルギーホールディングス　など
(開発)
石油資源開発、INPEX　など

大きな転換期にある、暮らしを支える業界

人々の生活、暮らしにはなくてはならない電力やガス、石油のエネルギー業界ですが、持続可能な社会を目指し、カーボンニュートラル、再生可能エネルギーへの転換に向けて大きく舵を切っています。全世界的な燃料高騰、続く自然災害への備え、原発問題など社会状況は不透明でいつどのような変化があるかわかりません。

そのような中でも社会に役立つこの仕事に携わりたいという志や使命感を持っていることはまず必要となります。人々に喜ばれたり感謝されたりするほうが少ないかもしれませんが、インフラとして安定供給を維持し続けなければならないのです。

✓なぜこの業界なのか

✓なぜ業界の中でこの企業なのか

を伝えられるよう研究しておきましょう。例えば、なぜコスモ石油ではなくENEOSなのか、なぜ関西電力ではなく中部電力なのか、魅力だと思った特徴を話せるようにしましょう。

一方で、これから課題を解決したり新しいチャレンジを行ったりすることも必要な業界です。

✓日本の電力業界の課題についてどのように考えるか

✓エネルギー業界の中で石油業界の今後についてどのように考えるか

✓この企業の事業にどんな提案をするか、事前に課題を考えてきて話す

などの質問もよくされるようです。日頃から新聞やニュースを読み、自分の考えを話せるように練習しておきましょう。

※ここまで紹介したのは、あくまでおもな業種で、すべてではありません。

Q. 業界ごとだけでなく、大企業と中小企業といった企業規模によっても質問は違うのでしょうか

A. はい。企業の規模が違う、ということは従業員の数や支社、支店、工場などの数も違いますし、組織の事業の種類も違う、ということになります。ビジネス内容による違いだけでなく、規模によって企業の特徴や採用側が求めているものが違ってくる可能性があります。

1 大企業

一般的に、従業員数1000名以上の企業を指します。とても大きな企業の場合は、数万名にのぼるときもあります。たくさんの種類の事業を企業内でも取り扱っており、資本関係があるグループ企業が数多くある場合もあります。

大企業の特徴として、ビジネスのスケールが非常に大きいことがあります。日本全国だけでなく海外にも支店や支社を広げ、事業を展開している企業や、本社が海外にあり全世界的に展開しているグローバル企業をイメージしてみてください。小さな企業で１つの事業しか行われていないところよりも、みなさんが入社してからやってみたい仕事の可能性の広がりが

あるのではないでしょうか。

採用人数も多いので、面接官の数も多数で、３次まででなく、ときには４次、５次と面接があるかもしれません。また、やってみたい仕事をよく調べて伝えることは大切ですが、海外を含む転勤や業務の異動もあると思います。その点をわかった上で前向きに仕事に取り組む人を求めていると言えるでしょう。

2 中堅・中小企業

一般的に300～1000名未満程度を中堅企業、20～300名程度の従業員規模の企業を中小企業と言います。自社の強みがあり、そのビジネスに特化して注力し利益を出している企業が多くあります。

新卒採用は数名から20名程度ぐらいが多いと思いますが、社員の数が少ないので、新卒でも早く自立し、自分の考えを持って仕事をしてほしいと期待されています。また、大企業よりも採用時期が早いか、大企業の採用が一段落した８月以降にも引き続き募集をしていることが多いので、優良と思われる企業を引き続き探して説明を聞くなどしていきましょう。

3 ベンチャー企業

スタートアップ企業とも言い、志を持ってビジネスを始めてから数年といった短い期間の小規模な企業を指します。同じ小企業でも開業以来ずっとその規模のままのところもありますが、このタイプの企業は今後事業を成長させたいと考えています。

新卒を採用する場合もどんどんポテンシャルを発揮してほしいと、学生時代の取り組みや、困難だったことをどのように乗り越えたのか、深掘りする質問が来るでしょう。この企業の志に共感して、ぜひ一緒に成長していきたいという点をアピールしましょう。

Q. 同じ企業内にもいろんな職種がありますよね。どのように研究したらよいですか？

A. 大きく分けると、その業界に特有の勉強や資格が必須の技術系の仕事と、全学部全学科応募が可能な総合職の２つがあります。また、総合職と業務職、あるいは一般職のように、全学部応募可能な職種を複数の働き方に分けている企業もあります。その違いや研究の仕方について見ていきましょう。

技術系の仕事の場合は、医療業界の看護師、保育業界の保育士、建築業界の一級建築士、テレビ業界のカメラマン、医薬品製造業界の研究開発職などのように、その専攻の学部学科や専門学校出身でないと応募できないものも多くあります。みなさんは、応募の段階でどちらにエントリーしたのかわかっていると思いますが、これから応募する企業がある場合は、よく募集要項を確認しましょう。

総合職を志望する場合は、「営業」「企画開発」「マーケティング」「人事」「経理」「総務」「生産管理」「カスタマーサポート」などのように大学の専攻は関係なく様々な職種に配属されることも多くあります。

応募している企業が株式上場している企業であれば、IR 情報が企業のサイトに掲載されているはずですので、企業情報の中に「組織図」があるかどうか探してみましょう。そこに、どんな部門や部署があるのか、どんな職種があるのかが大まかに書かれているはずです。

または、募集要項をよく読んでみてください。「どんな職種に配属される可能性があるのか」、その種類が載っていると思います。

職種を見ても、どのような仕事かイメージがつかめない人は、次のようなことをしてみましょう。

- ✓その企業の仕事紹介のページや先輩社員の仕事内容についての記事をしっかり読む
- ✓「営業の仕事とは」のようなキーワードで検索をして調べる
- ✓マイナビ、リクナビなどのサイト内にある、職種研究のページを読んでみる

例えば、ひと口に「営業」と言っても、大きなチームの中でメンバーとして BtoB の取引先を相手にする場合もあれば、生命保険のように個人のお客様に対して責任を持って説明をしていく仕事もあります。どの業界でその職種に携わるのかによっても業務内容が違ってくることを意識し、研究するようにしましょう。

理系や美術系などの専攻で技術職を志望する場合には、職種のイメージはもっと明確だと思います。ホームページで技術職の先輩社員の仕事内容についてできるだけ調べ、可能であれば先輩に話を聞きましょう。

1 業務職・一般職について

企業や業界にもよりますので一概には言えませんが、働き方や仕事の役割を「総合職」「業務職・一般職」「技術職」と分けて募集をしている企業もあります。

例えば、三井不動産の採用情報には

総合職：プロジェクトマネジメント、組織マネジメントを行う。海外赴任や支店配属あり（約９割が東京・首都圏）。

業務職：総合職と協働しながらプロジェクトを動かす。転居を伴う転勤なし。

とあります。DX 推進により以前のサポート的な一般職の業務は AI が行う大企業も増えてきました。現在の「業務職あるいは一般職」はどちらかというと「転勤を伴わない」という働き方の違いで区分けされていることが多いようです。企業によって規定は違いますので、よく確認をしましょう。

2 ジョブ型雇用について

「ジョブ型雇用」とは「営業職」「財務経理職」「法務職」「生産管理職」などのように担当する職種を志望して応募し、職種ごとに採用をする形式のことです。「技術系」「事務系総合職」などのように様々な職種を新卒募集で一括で採用し、入社後にジェネラリストとして数年ごとに配置転換をしていく今までの日本のやり方からの大きな転換を一部の大手企業が進めているのです。

例えば、日立製作所は23年卒の新卒採用からこのジョブ型雇用を導入しました。ホームページによると、「研究開発」「設計開発」「品質保証」「生産技術」「知的財産マネジメント」が技術系職種のみ、「資材調達」「生産管理」「営業」「人事」「経理財務」「法務」「事業計画」が事務系職種のみ、「営業技術」「システムエンジニア」の２つが両方の職種となっています。これらをもとに、理系学生、文系学生は自分の志望したい職種を応募の際に選択することになります。

このような企業の面接の場合には、より自分がやりたいことが何か、なぜ携わりたいのかについて明確な説明を求められるでしょう。しっかりと職種について調べて自分の考えを伝えられるようにしましょう。

本番…もしも圧迫質問とかされたらどうしよう！
はい！業界や企業の研究も大事なんですね！
あとは面接本番で話せるかどうか…
ここまでたくさんのことを学んできましたね！
フム
「逆質問」でするとよい質問、まずい質問はありますか？
そうねえ…質問の意図を把握しながら答えるのが基本だけど
オー!!
実際なにをどう答えるか、具体的にシミュレーションしてみましょうか
「圧迫質問」や「逆質問」も気になりますよねそこも詳しく知っておきましょう！
あと少し!!

Part 5

よくある質問と答え方

「学生時代に力を入れたこと」（ガクチカ）の答え方

まず、どの企業でも聞かれる「学生時代に力を入れたこと（＝ガクチカ）」の質問について実際に話す内容のポイントを確認していきましょう。

採用側は、応募者について以下のことを知りたいと考えています。

興味：どんなことに好奇心を持ってやりたいと考えるのか
価値観：仕事をする上で、何を大切だと考えるのか、何を優先するのか
思い：どのような思いや意欲で行動しようとするのか
行動の過程：どのように努力し、どう改善しながら物事を実行していくのか

人は、小さい頃からこのような「思い」や「行動の経験」を積み重ねて成長してきます。特に、大学生になってからこの人が体験してきたことや思ってきたことを知ることで、

✓入社して仕事に就いたときにもこの経験を生かして「あのときあんなふうに頑張ってきたのだから、仕事でもやってみよう」と行動してくれるかどうかを判断することができる

と採用側は思っています。

３章の「自己分析」の部分で伝えたように、**「アルバイト」「勉強について」「サークルや部活動」「ゼミ、研究室での活動」「ボランティア活動」「趣味で行っていたこと」**などの項目はどのようなことでも構いません。

自分が力を入れて努力し工夫してきた内容について、実際の用語や数字、やり方なども入れて具体的に説明するようにしましょう。ただし、話が長くならないように、１分程度までに、最長でも１分半は超えないようにします。

理系やクリエイティブ系志望の人は

全学部応募可能な総合職の場合には、大学の専攻と仕事の内容がそれほど直結していないので、伝えるエピソードの項目はどんな内容でもOKです。ただ、エンジニア職や映画製作に関わる職種、広告デザインなどのクリエイティブな職種で学部指定がある仕事を志望する人は特殊だと考えてください。

面接で質問されることの中で「力を入れたこと」か「強み」のどちらかの内容に大学で学んでいることの説明を含めるようにしましょう。成績がよいかどうかはあまり気にする必要はありませんが、仕事で必要な基礎知識の理解は問題ないか、研究にどのような思いでどう携わったかなどは採用側の知りたい部分のはずです。まったく専攻の学業の説明がなく、アルバイトやサークル、趣味などの話ばかり、ということにならないように意識しましょう。

研究室やゼミの卒論にまだ取りかかっていない、なども気にする必要はありません。あくまでも面接を受けた時点で進んでいる状況で大丈夫です。なぜその研究をしたのか、現在どのような行動をしているのかについて、今後取り組みたいことの計画も含めて話をするようにしましょう。

大学時代に頑張ったことを教えてください

類似質問例

- 学生時代力を入れたことは何ですか？
- 学生時代に取り組んだことを教えてください
- 大学時代に頑張ったこととその理由、取り組んだことを具体的にお話しください

※「学業について頑張ったこと」「サークルや部活動について頑張ったこと」「アルバイトについて」など、項目別に質問がある場合もあります。

回答のポイント

- 結論から伝え、その後、「力を入れた理由や思い」→「努力した具体例」→「結果」、のように論理的な組み立てで話す
- 「大学時代」の中から頑張ったことのエピソードを探して伝える
- 頑張ったことは1つに絞り、詳しく説明する
- エピソードの結果で終わらせず、この経験から学んだこともプラスする

NG回答

大学時代に私が力を入れて取り組んだことはアルバイトです。始めた頃はあいさつもあまり声が出ず、うまくいきませんでした。店長に注意をいただき、自分には続けていくことが難しいのではないかと思ったのですが、周りの先輩に励ましをもらい気持ちを切りかえて努力しました。今では後輩の高校生の指導を任されるまでにな

りました。この頑張りは仕事でも生かしていけると思っています。

Aさん

アルバイトが何なのかわからないし、どう努力したのか話していません！

渡部先生

結論から話せていますが、漠然とした答えですよね。自分自身がどのように思ってどう努力したのかもっと具体的にしていきましょう。

OK回答

頑張ったことはコンビニエンスストアでのアルバイトです。大学１年の頃から３年間続けています。社会勉強として深く考えずに始めましたが、お客様の動きを観察し、商品の出し方を工夫すると売上に変化があることに気づき、仕事が面白くなりました。販売強化月間のチョコレートの並べ方やお客様へのすすめ方の工夫を提案し、他の人にも「目標に向けてやってみよう」と伝えたところ、みんなで協力して○○地区の店舗で２番目の売上をとることができました。今では店長にも信頼されて後輩の指導を任されています。この経験から主体的に行動することの大切さを学びました。

何のアルバイトなのか、期間はどのぐらいなのかなど数字や用語も入れて具体的にしています。また、この人の志望はマーケティングの仕事なので、**「商品販売の工夫」**にエピソードを絞りました。その項目で複数の努力した事例が浮かぶ場合は、何をまず伝えると志望している業界や仕事に結びつきやすいか考えて選びましょう。

つっこみ質問

どのような商品の出し方の工夫をしたのですか？

最初の回答からあまりに詳細に話していくと答えが長くなってしまうので、ある程度簡潔に答える必要があります。そのため、最初の回答に対するつっこみ質問で、「もっと具体的に何をどのようにしたのか話してほしい」と聞かれる場合があります。このようにもっと質問があったら、

✓どんな並べ方の工夫だったのか
✓お客様にはどのようなおすすめをしたのか
✓他の人にどんな言葉でどう提案をして受け入れてもらったのか

などについても答えられるように準備しておきましょう。

つっこみ質問

この経験の中で苦労した点とそれをどう克服したのか教えてください

また、困難だった課題をどのように乗り越えたのか採用側は知りたいと考えますので、この質問が来る場合があります。この例であれば、

✓最初は全然売上がなかった
✓並べ方を変えても効果がなかった
✓お客様におすすめしてもまったく買ってくれなかった

など、うまくいかなかったことがあるのではないでしょうか。うまくいかなかったところをどのように工夫したのか伝えられるようにしておきましょう。

OK回答

最初はレジで買われるお客様全員に「今ポイントが付きますのであちらの商品もいかがでしょうか」と伝えていましたが、あまり効

果はありませんでした。そこで、チョコレートの陳列を見ているお客様に目立つようにポイントアップのお知らせ POP を作って掲示したり、レジ脇にも商品と POP を置くようにしたところ、売上が上がってきました。

つっこみ質問

後輩の指導を任されているということですが、具体的にどんなことを行っているのですか？

回答を聞いた上で、別のエピソードについての質問です。「その他にアルバイトで工夫したことは？」など同じ項目で「他には？」と聞かれることもありますので、できるだけ事前に自分の回答に自分でつっこみを入れて、他に聞かれそうなことはないか考えておきましょう。別なエピソードは結論から、思いや考えも入れてどのように工夫したのか、具体的に説明していくようにしましょう。

つっこみ質問

この経験を弊社の仕事で役立てるとしたらどのような点に活かせると考えますか？

仕事への結び付けをイメージしているかを聞く質問です。「ガクチカ」の質問に対する最初の回答にこの内容を含めてもよいのですが、長くなってしまう場合は「学んだこと」までにしたほうがよいでしょう。その場合、つっこみでさらにこのように聞かれるかもしれません。「主体的に行動する」という経験から得た力を、応募している企業の仕事でどのように発揮していきたいのか、説明できるようにしましょう。

OK回答

私がこの経験から得た「主体的に行動する」という力は、御社の営業職で自分から情報を調べ、お客様のニーズにできるだけ対応することに役立つと考えております。言われたことに対して努力するだけでなく、常に自分からもっと勉強する、周りの人に質問する、などを意識して行動していきたいと思います。

その他のつっこみ質問

その他、「ガクチカ」の答えに対して、以下の内容が含まれていなければ、つっこみで聞かれることがあります。

✓「なぜ始めようと思ったのですか？」

✓「どうして頑張ろうと思ったのですか？」

✓「その経験からどのようなことが得られましたか？」

Column

SNSを使う際の注意点

X（旧 Twitter）、インスタグラムなどのSNSに、アルバイト先で撮影した動画や写真をアップして問題になった学生のケースを目にしたことはないでしょうか。

インターネットが発達した現在、個人の何気ない投稿も瞬く間に全世界に広まり、多くの影響を及ぼしてしまうことがあります。企業の責任を問われたり、売り上げ減につながったりする場合もありますので、採用側としても学生のみなさんのSNSの使い方に神経をとがらせています。

選考が進んでいる学生のSNSをチェックする企業も多くなってきました。「それってどうなの？」という写真や動画を、学生時代に何も思わず投稿している人は、社会人になってからも無意識にそうした行動をするのではないかと危惧しているためです。

みなさんが実名でアカウントを作っていないとしても、専門家に依頼して、調べて確認する企業もあります。プライベートについても、眉をひそめられるようなバカ騒ぎなどの写真や動画を投稿しないことを意識したようがよいでしょう。

また、採用試験を受けた企業への感想やネガティブな批判などを、企業名を明らかにして投稿することも避けるようにしましょう。SNSは誰も見ない自分だけの日記ではありません。ネットに投稿する、ということは公開の空間に情報を出すことなのだという認識を持っておくことが必要です。

ガクチカ質問例②

自身の課題解決において どのように人を巻き込みましたか？

類似質問例

- 困難な状況でどのように周囲を巻き込んで行動しましたか？
- 問題が発生したときどのように人に働きかけ解決しましたか？
- 力を入れたことで課題だったことはどのようなことですか？
- それに対してどのように他の人を説得、納得させましたか？
- リーダーとしての経験を教えてください。

回答のポイント

- 「私が○○で課題を感じていたとき～」と状況説明から入るのではなく、この質問もしっかりと結論から伝える。
- 「自分の課題解決」と問われているテーマから話が外れないようにする。
- 自分１人で努力した内容ではなく、他の人にどのように関わり、行動した経験があるのかを知りたい質問なので、その点を含めた事例を話す。
- 努力したことに対する結果も話す。「成功」とまでいかなかったとしてもよいので、その経験から得られたことを伝える。

NG回答

私が課題に対して人を巻き込んだのはゼミ研究発表の活動の場面です。所属しているゼミでは、半年の間に５名グループで研究発表を準備する必要があり、初めて話す人たちとグループを組みました。最初はぎこちないコミュニケーションでしたが、回数を重ねるにつれてだんだんと信頼関係が生まれ、みんなで協力して１つの発表を無事実施することができました。この経験から協力して目標に向かう段取りのつけ方を学びました。

Bさん

なんだかテーマからそれていて、何が課題だったのかよくわかりません。この人自身がどのように人を巻き込んだのか伝えていませんよね。

渡部先生

質問の内容にそって、もう一度答えを論理的に組み立ててみましょう。

OK回答

自身の課題に人を巻き込んだのはゼミ研究発表の活動の場です。私のゼミでは半年間でグループの共同研究を行い、全８グループそれぞれが成果を発表する活動があり、初めて話す５名で開始しましたが、研究テーマ決定の部分から意見が対立してしまい、まとまりませんでした。

１か月過ぎても５名そろって話す場を設けられず、全然進まないため、私が呼びかけ、「この大学に入ってやりたかったこと」や「このゼミを選んだ理由」「自分の好きなこと」などを率直に話して他の人はよく聴く、という会を行いました。他の人の本音や気持ちを聞けたことで次第に和ができ、研究テーマや役割分担決定をすることができました。その後は２週間に１回、必ずオンラインでも集まるように私から提案し、みんなで協力し合い、研究成果を発表することができました。ここから、違う意見の人と理解し合うことの重要性を学びました。

ガクチカ質問例③

今までで一番印象に残っている出来事、頑張ったと思えることは何ですか？

類似質問例

- 人生で一番頑張って取り組んだことは何でしょうか？
- 今までで一番頑張ったことと、その理由や行動の過程を具体的に教えてください。
- 自分の活動の中で何が一番印象に残っていますか？　それはなぜですか？

回答のポイント

- 「ワールドカップ観戦」など、自分自身の活動ではない感動話にならないように気をつける。
- 中学、高校なども含めて１つあげるとしたら、で考えてよい。
- 「頑張ったこと」を伝えるだけでなく、なぜそう言えるのかという理由や、どのように頑張ったのかや、経験したことを具体的に話す。
- なるべくチームで協働したエピソードを選ぶようにする。サービス業など人との対応がより重要な業種に応募する場合は、特に自分１人だけで努力した事例にしないようにする。

NG回答

今までで一番頑張ったと言えることではないのですが、一番印象に残っていることは小学生のときに両親と海外旅行に初めて行ったときのことです。家族旅行でタイに行ったのですが、言葉もよくわからないところでまったく違った文化を目にしてとても強い印象を

受けました。そこから違う文化の人たちと交流したいという気持ちが生まれました。

渡部先生

思いは伝わるのですが、質問されていることとは違いますよね。

Cさん

「頑張ったと思えること」を伝える必要があるんですよね。この体験から生まれた興味によってどんなことに取り組んでみたか伝えるといい気がします。

OK回答

私が今までで一番頑張ったと思えることは、高校生のときの英語劇の活動です。中学生でタイに家族旅行をし、言葉がまったくわからなくて落ち込みました。違った文化や言葉の人々ともっと交流したいと強く思い、高校のESS部に入り、英語劇に挑戦しました。私は準主役で、英語の長いセリフを繰り返し暗記し、人前で演じる練習を毎日毎日３か月間行いました。初めは全然セリフが覚えられませんでしたが、何度も何度も声を出して練習し、部員20名で励まし合いながら学園祭で上演しました。「とてもセリフが聞き取りやすかった」と外国人講師の方にも言われ、うれしかったのを憶えています。その後も英語の勉強を続け、現在の大学の国際関係学部にも合格し、今TOEICの点数は800点台です。この経験から、思いを持ち続けて努力することが大切だと実感しました。

ガクチカ質問例④

中学高校の部活動の取り組みを教えてください

類似質問例

- 中学高校では部活動をしていましたか？
- 中学高校で部活動をしていたら、そこでどんな経験をしたのか教えていただけますか？

回答のポイント

- **「県大会で優勝した」など、ものすごい体験を伝えないといけないわけではない。自分が興味を持って取り組んでいたことがあれば具体的に伝える**
- **活動について、なぜ続けていたのか、どのように努力していたのか理由やプロセスも話す**
- **この取り組み経験が現在の学生生活にどんな影響を与えているか、関連づけて伝えるとよい**
- **部活動をしていなかった場合は、落ち着いてそれを伝え、理由を説明するようにする。例のように他の活動を紹介してもOKだが、質問と違うテーマの話なので簡潔に伝え、次のつっこみがあればさらに話すようにする**

例）「中学高校と私立で学校が遠く、通学に時間がかかったため、部活動は行っていませんでした。小学校から習い事として続けていたダンススクールには週1回通い続け、そこで友人とチームを組んで踊ることを楽しんでいました」

NG回答

中学では陸上部に入っていました。種目は3000メートルでしたが、いつも補欠で最後の大会しか出たことはありません。高校では運動部には入らず天文学部に所属していました。活動は週1回程度で文化祭に展示を出したりしていました。

渡部先生

自信がないのかもしれませんが、これだとどんな思いで何を頑張ったのか、採用側が聞きたいことが伝えられていませんよね。

Dさん

どちらかの活動にしぼって、この経験から得たことを今どんなふうに生かしているかプラスするといいと思います。

OK回答

中学では３年間陸上部で3000メートルを走っていました。小さい頃から走るのが好きだったので入部したのですが、陸上が強い学校で、私よりもレベルが高い人がたくさんいたため大会には１回しか出ることはできませんでした。努力したのは、自分なりに少しでもタイムを伸ばすことです。週５日練習があったのですが、毎回出席し、基本トレーニングも地道に続けていました。同期がどんどんやめて最後には人数が半分になったのですが、３年間続け、最初よりも20秒近く自己記録を更新しました。３年生の最後の大会には、「継続してきた結果として出場するように」と先生に言われてうれしかったです。高校では天文学部に入り陸上は続けなかったのですが、ここで身についた粘り強く努力する力は、現在の学業やアルバイトなどに生かせていると感じています。

つっこみ質問

ずっと補欠のままで、どのような思いで続けていたのですか？

選手として試合にずっと出られないのは辛いことだったと思いますので、採用側はどのようにその困難を乗り越えたのかを聞きたいと考えています。どんな思いだったか、努力を続けられたモチベーションの源は何だったのか、伝えられるようにしましょう。

OK回答

はい、自分が選ばれないことはやはり辛かったのですが、他の人のほうが成績がよいのでそれは仕方のないことだと納得していました。少しずつですがタイムは更新できていたことがモチベーションになりましたし、部活動の顧問の先生が自分の頑張りを認める言葉をかけてくれたことは大きかったです。自分も大人になったときは、このように人を励ましたり認めたりしていきたいと思いました。

つっこみ質問

高校ではどうして続けなかったのですか？

この質問もよくされると思います。率直にそのときの思いを伝えてよいのですが、ネガティブな表現に終わらないように注意しましょう。高校時代の部活動で行動した内容やそこから得られたことも簡潔に伝えられるとよいでしょう。

OK回答

３年間頑張ったので、走ることについては、体力づくりとして今

後も個人的に続けようと思い、もう１つ興味があった天体観測に取り組むために天文学部に入りました。学校の大きな天体望遠鏡を使っての観測や、観測所の見学などを行い、文化祭で展示発表をしました。調べることの面白さや楽しさを知ることができました。

その他のつっこみ質問例

その他、「中学高校時代の部活動の取り組み」の答えに対して、以下の内容が含まれていなければ、つっこみで聞かれることがあります。

- ✓「なぜ始めようと思ったのですか？」
- ✓「どうして頑張ろうと思ったのですか？」
- ✓「その経験からどのようなことが得られましたか？」
- ✓「(部活をしていなかった人へ）部活動ではないことでよいので、勉強以外の中学高校時代の取り組みについて教えてください」

この質問の意図は、この人の勉強以外についての興味関心を知りたい、できれば部活動のように集団で行う取り組みにどのように携わっていたのか知りたい、ということです。中学高校時代に何が好きで、どんなことをしていたのか、自己分析でできるだけ洗い出していると思うので、そこから何を伝えるか考えてみてください。

Column

社会人の人に話を聞くことの大切さ

この本の中でも、「先輩の訪問をしよう」「インターンシップも活用しよう」「企業の説明会に行こう！」などとおすすめしていますが、大切なことは、どんな仕事をしている人でもよいので、**「働く人からたくさん話を聞く」**ことだと私は思っています。

自分の志望している職種の人から情報が収集できたら一番よいですが、そうでなくとも社会人として仕事をしている人と、それもいろんな世代の人と関わり、多様な人の考えや行動の内容を話してもらうことは、就職活動にとても役立つものです。

アルバイト先の社員の方でもよいですし、自分の兄弟、両親、親戚の人の仕事について詳しく教えてもらうのもよいでしょう。その際、普段は身近な人にここまで聞くことはないかもしれませんが、ぜひ

✔なぜその仕事をしてみようと思ったのか

✔どんなことがやりがいだと思っているのか

✔実際にどんな仕事の内容なのか

など、先輩訪問で質問するようなことを聞いてみるとよいと思います。大変なこと、ネガティブなこともあるかもしれませんが、同時に好きなことや楽しいこと、この仕事をしてよかったと感じていることも話してくれるかもしれません。そうした生の働く人の声をたくさん聞いてみることが社会勉強の1つになります。

自分が仕事を選ぶときの軸の参考になる点があるはずです。

「内面掘り下げ」の答え方

内面を掘り下げ、その人の価値観や信念、興味、思いや考えなどを深く聞く質問は２次面接で特に多く聞かれます。応募者の経験してきた行動やあげてきた成果だけを具体的に聞いても、その人の「思い」と会社の価値観や方針がマッチしていないと短い期間で退職してしまうということが起こりがちだからです。

前述の「ガクチカ」へのつっこみ質問も、実は掘り下げを試みている質問なのですが、ここからの質問は、

✓あなたがどのように考えているのか
✓それはなぜなのか
✓今までなぜ、どのような思いでその決断や行動をしてきたのか
✓自分のマイナス面についてどのように認識しているか、それはなぜか

といった、より深い部分について説明を求められる質問です。

事前に自分について整理し、考えていないととっさに答えられないことも多いかもしれません。ポイントを読んで理解してから自分で何も見ずに答えてみてください。そこでつっかえる質問があれば、もう一度自己分析に戻って自分の思いや考えを表現してみましょう。

内面掘り下げ質問例①

企業選びの軸を3つ教えてください

類似質問例

- 企業を選ぶときに大切にしている価値観は何ですか？
- 就職する際、大切にしたい価値観は何ですか？
- 就職先を決定する際の軸は何でしょうか？　３つ聞かせてください。

質問の意図

- 考えをはっきりと伝え、理由を説明できる人か知りたい。
- 軸が前向きな仕事観に関するものか確認したい。
- 自社の文化や風土と合っている軸かどうか知りたい。

回答のポイント

■考えを聞きたい質問なので、自分の意見として明確に結論から伝え、言い切るようにする。

■３つ、と言われたら必ず３つ答える。特に数字を言われない場合は１つに決める必要はないが、最大で３つ程度にする。

■なぜそのように考えるのか、後ろに理由を説明するようにする。

■「残業が少ないこと」「休日が多いこと」などのような待遇・条件面の内容を第一にすることは避ける。

■業界への興味が軸の人は、この企業の特徴に当てはまるような軸を３つの中に入れるようにする。

NG回答

私が企業選びの軸としていることは、「人」と「ワークライフバランス」と「女性が活躍していること」かなと考えています。やはり、長く仕事を続けるには人間関係が大切だと思います。貴社の説明会でお話を伺って大変感じのよい方が多かったので、この企業なら働きやすいと考えました。

渡部先生

気持ちはよくわかりますが、「自分の周りの環境」面にのみ関心があるように受け取られてしまいます。

Aさん

応募企業の仕事内容についての興味は伝える必要ありますよね。あと、３つの軸の理由を説明したほうがよいと思います。

OK回答

私が企業を選ぶときの軸３つは「仕事のやりがいがあるか」「チームで協力して行う文化がある企業か」「女性のキャリアを長く積める企業かどうか」の３点です。

私は今までも、アルバイトやサークル活動などで、目標に向かってチームで協力しながら行動し物事をやり遂げることにモチベーションを感じてきました。そのため、自分の考えを提案し、みんなと協力しながら仕事ができる企業であることを重視して就職活動をしています。また、責任を持って長く仕事をしていきたいので、貴社の女性の方が生き生きと仕事に取り組んでいることをお聞きし、私の価値観とマッチした企業だと魅力を感じるようになりました。

内面掘り下げ質問例②

（理系の人に）研究内容はどのようなものですか？　選んだ理由は？

類似質問例

- なぜその研究室を選んだのですか？
- 学業で力を入れたのは何ですか？　なぜ力を入れたのですか？
- その研究に取り組んでどのように感じていますか？

質問の意図

- どんな研究に取り組んでいるのか、なぜそれをやりたいと考えたのか知りたい。
- どのように努力して取り組んでいるのか知りたい。
- 自社の技術職の仕事に生かせるものがあるか知りたい。

回答のポイント

- **まだ研究室での取り組みが始まっていない、などは気にせずに、選択した内容や興味のある内容を伝える。**
- **なぜ選ぼうと思ったのか、自分の考えを理由として入れるようにする。**
- **テーマ名だけではなく、どのように取り組んでいるのか、または今後どのように計画しているのか具体的に説明する。**
- **本当に研究については話せる決定事項がないという場合も、これまで専攻してきた科目で特に興味があるものや、力を入れて学んできた内容を１つ選んで詳しく説明するようにする。**

NG回答

私の大学ではやっと研究室が決まったばかりで、実際の卒業研究はまだ始まっていない状況です。内容もこれをやりたいというものはありますが、まだ教授や先輩方と話をしないといけないため、はっきりしていません。

Bさん

企業側の人が聞きたい内容が全然入っていない答えになりますよね。

渡部先生

研究が始まっていなくても、これからやりたいことを伝えるなど工夫する必要があります。ひとまずなぜこの研究室を選んだのか、思いは説明してほしいです。

OK回答

私はこれからの人々の生命や健康に役立つような研究に携わりたいと思い、この研究室を選びました。認知症や高齢者の方たちの脳の仕組みを研究するチームに入る予定です。どのような刺激を与えるとどんな変化が起こるのかという実験を進めているチームで、まずは先輩方から実験方法を教えていただき今月から開始する計画です。多くのデータをとっていく必要があり、地道な作業もたくさんあると思いますが、1つ1つ確認しながら粘り強く取り組んでいきたいと考えています。海外の研究の論文もできるだけ読んでいきたいと情報を集めているところです。自分にできることをしていこうと論文の理解ができるように英語の勉強を今はしています。

内面掘り下げ質問例③

幼少期をどういった環境で過ごし、何を考えてきましたか？

類似質問例

- 小さい頃はどのような子どもでしたか？
- 小学校以前はどこに住んでいましたか？　どんなことが好きでしたか？

質問の意図

- 小さい頃からの興味や価値観について知りたい。
- 変化があった場合は、どんな分岐点で変わっていったのか知りたい。
- 質問にきちんと向き合って自分の考えを伝えられるかを知りたい。

回答のポイント

- ひと言で終わらせず、どんな場所でどのように過ごしてきたのか、どんなことを思っていたのか、具体的に説明する。
- 何が好きだったのか、なぜ好きだったのか、伝えるようにする。
- 今と同じく○○だったのか、今とは違い○○だったのか話し、違っている場合はどこの時点で変化があったのか伝えるようにする。

NG回答

私は父が転勤がある仕事をしていますので、生まれたのは福岡で、3歳から小学校の入学までは広島に住んでいました。小学校から横浜に住んでいます。両親と弟が1人います。小さい頃は特になにも考えることなく過ごしてきました。

渡部先生

企業が質問によって知りたいことを話していませんよね。

Cさん

どんなところが好きだったか、どう思っていたのか、それが今につながる点なのか今と変わった点なのかも話したほうがいいと思います。

OK回答

私は父の転勤のため、生まれた福岡から３歳で広島に引っ越しました。幼稚園はそこで通っていましたが、山も近くて緑がいっぱいで、元気に遊びまわっていたと思います。３歳だったので引っ越しはうっすらとしか憶えていないのですが、小学校入学のときに、また横浜に引っ越しました。今度は方言や食べ物の味なども違いますし、びっくりした経験があります。仲がよかった友だちとも離れなくてはいけなかったことはとても悲しかったです。ただ、現在もそうですが、初めて会う人と友だちになるのは比較的得意で、自分から積極的に話しかけていく性格は小さい頃から変わっていないのではないかと思います。小学校に入ってから音楽が好きになり、ピアノを習っていたのと、学校で合唱をやっていました。家でもよく練習をしていました。

Q. 小中高で親友は何人ぐらいいましたか？　それぞれ、自分はどんな人だと言われましたか？

類似質問例

- 高校までに仲の良かった友だちは何人ぐらいいましたか？
- 友だちにはどのような性格だと言われていましたか？
- 高校までに仲の良かった友だちとはどのように過ごしていましたか？

質問の意図

- 高校までの時期で友人との交友関係をどのように作ってきた人なのか知りたい。
- 客観的にどのような特徴がある人だと認識しているのか知りたい。
- 対人関係の構築をどのようにしている人なのかを推測したい。

回答のポイント

- **小学校、中学校、高校で違うのであればそれぞれを伝える。**
- **どのような人だと言われたのか結論として話し、その根拠と思われるエピソードもプラスする。**
- **あくまでも自分の認識でよいので、落ち着いて自分の考えを伝えるようにする。**

NG回答

小学校では仲のよかった友だちは２人ぐらいです。中学と高校は同じ人で親友は１人です。それぞれにどんな人だと言われたことは特にありません。

Dさん

答えが短かすぎると思います。人数を言うだけじゃなく、どんな友だちだったのか説明したほうがいいですよね。

渡部先生

たとえ言われたことがないとしても、自分の推測でもよいので考えは伝えたほうがよいですね。

OK回答

親友と言える人は、小学校の高学年のとき２人いました。同じクラスになった人で一緒に塾に行っていたこともあっていつも遊んでいました。中学高校では１人です。友だちはたくさんいましたが、ときには悩みを相談したり、打ち明け合ったりと、ずっと話をしてきたのは１人の人です。その友人は違う大学に入ってからも話ができる大切な友で、今でも休みのときには一緒に旅行に行くこともありますし、お互いの家に泊まりに行くときもあります。本音を伝え合うことができる友人がいるのはとても心強いと感じています。私はその人からは「おとなしそうに見えるけど実は芯が強い」と言われたことがあります。高校時代に厳しい部活動に入っていたのですが、歯を食いしばって頑張って辞めなかったことを知っているのでそう言われるのかと思います。

内面掘り下げ質問例⑤

中学校から大学までの勉強面のことについて教えてください

類似質問例

- 今までの学生生活の中で、学業については何が得意でしたか？
- 今までの学生生活の中で力を入れてきた勉強はどのようなものですか？
- 中学高校ではどんな勉強が好きでしたか？　大学で特に興味がある科目は何ですか？

質問の意図

- 勉強面についてどのようなことに興味があり、どのように取り組んできたのか知りたい。
- 勉強面への興味や取り組み方について、自社の仕事に活かせることがあるか知りたい。

回答のポイント

- **多数の科目を伝えるのではなく、１つか２つに絞ってなぜ興味があったのか、どのように取り組んできたのか、具体的に説明する。**
- **大学時代のことだけでなく、中学高校時代の得意科目や興味から伝えるようにする。**
- **回答が長くなりすぎないように注意する。**

NG回答

中学高校のときに得意だった科目は英語、国語、生物などです。

英語については力を入れて勉強していたので、英検２級に合格することができました。大学時代に特に興味を持っていたのは経済学です。経済の仕組みや金融の流れについておもに勉強しました。

Aさん

英語がなぜ得意だったのか、どう思っていたのかについても、大学時代、経済学にどんな点に興味があったかのかも、もっと説明すべきです。

渡部先生

もっと「思い」や「取り組み行動」について話してほしいですね。

OK回答

中学高校のときに興味を持って勉強していたのは英語です。小学校から好きだったのですが、外国人の講師の方と英語でどんどん会話ができるようになるのが楽しくて、繰り返して発音の練習をし、単語を覚えました。高校では英検２級を取るために毎日問題集を勉強し、２年生で合格しました。英語については今もオンラインで外国人の友人を作り、英語で話をする機会を設けるようにしています。大学では、お金の流れや経済の仕組みに興味を持ち、経済学の科目を学ぶことが好きでした。基本的な経済学の知識を学ぶことに加え、人々の購買行動がどのように起こるのか、行動経済学について調査し、グループで情報を持ち寄って検討する授業に特に力を入れました。

なぜ今の大学を目指したのですか？

類似質問例

- 今の大学、今の専攻を選んだ理由は何ですか？
- なぜ現在の大学や専攻を志望したのですか？

質問の意図

- 今の大学での専攻をどのように興味を持って選択したのか知りたい。
- もし、第一志望でなかったのなら、その後どのような意欲で勉強をしてきたのか、思いを知りたい。

回答のポイント

- **「大学」そのものではなく、専攻の学部学科を含め、なぜ志望したのかについて説明するようにする。**
- **入学当時思っていたことに対して現在までどのように努力してきたのか、現在はどのように感じているのかについても伝える。**
- **入学当時は積極的な志望ではなかった場合は、現在までどのように行動してきたのか、どのような興味の変化があったのかなどを話すとよい。**

NG回答

私は親に負担をかけないように地元で通うことができる大学を第一優先に考えたため、現在の大学を志望しました。

Bさん

これだけでは説明が少ないですよね。何を学びたかったのかをまず伝える必要があると思います。

渡部先生

経済的な理由もあると思いますが、志望したかった専攻内容について理由を説明するようにしてほしいですね。入学してみてこの大学についてどのように感じたのかや力を入れた勉強の内容なども伝えるようにしましょう。

OK回答

私がまず考えたことは、親に経済的な負担をかけないように地元で通える大学に進学することですが、中でも現在の大学は少人数に対してきめ細やかなゼミでの学びや就職活動のサポートがあるということが魅力でした。また、私は法律について勉強し、社会の仕組みについて学びを深めたい気持ちが強かったため、法学部があり、国際法など幅広い内容が学べるこの大学を志望しようと考えました。実際に入学してからは、コロナ禍でオンラインでの授業がほとんどでしたが、だんだんに通学が多くなり、今は少人数のゼミでのグループ研究などに力を入れています。教授に質問や相談がしやすい雰囲気の中で大学生活を送ることができていて、この大学を選択してよかったと感じています。

人と接するときに心がけていることはありますか？

類似質問例

- 人との人間関係をどのように作っていきますか？
- 初対面の人とどのように心がけて話していますか？
- コミュニケーションをとるときに意識していることはどのようなことですか？

質問の意図

- 人と接することが得意かどうか、問題ないかどうか知りたい。
- 自社で仕事をするときに他の人と協力しながら進められる人かどうか知りたい。
- 心がけていることが納得できる内容かどうか知りたい。
- その理由も伝えようとしているか確認したい。

回答のポイント

- 心がけていることは１つか２つに絞って結論から伝える。
- なぜそのように心がけているか、理由を説明するようにする。
- 応募している企業の仕事と結び付けた答えにする。

NG回答

人と接するときに心がけていることは、なるべく感じのよい笑顔で誰とでも接することです。

Cさん

これを面接のときに笑顔で言えるかどうかがカギですね。具体例もないので…。

渡部先生

結論から１つに絞って伝えているのはよい点ですが、もっとなぜなのか理由を伝えたり、具体的にどのようなことなのか説明したりする必要があります。

OK回答

人と接するときに心がけていることは、「この人はこういう人に違いない」という先入観を捨てて相手の話をよく聞くことと、どの人にも公平な目線で対応することです。例えば、「あの人は笑顔がないから感じが悪い人に違いない」などと思ってしまうと、視野が狭くなり、関係ないものを結び付けて思い込んでしまいがちです。高校時代からハンバーガーショップでアルバイトをするようになり、いろいろな人と一緒に働く経験をして、より大切だと思うようになりました。自分より年上の方とも一緒に仕事をしましたが、できるだけ「この人は苦手」などと思わずに話しかけるように努めました。貴社に入社することができましたら、このような意識で行動できることを、仕事の中でも生かしていきたいと思います。

内面掘り下げ質問例⑧

失敗の体験を教えてください

類似質問例

- 今まで失敗してしまったことをお聞かせください。
- 今でも引きずっている挫折した経験はありますか？
- あなたの短所はどのようなことですか？

質問の意図

- 失敗したことからどのように立ち直ったのかが知りたい。
- 失敗をどのように次に生かして行動したのかが知りたい。
- 短所の場合、マイナス面を認め、改善するためにどのように行動しているかが知りたい。

回答のポイント

- **失敗の体験を「１つ」結論として伝える。いくつも話さなくてよい。**
- **大学時代のエピソードを優先にするが、高校時代のものでもよい。**
- **失敗からそれをどのように生かして立ち直ったのか、二度としないようにどんな改善をしたのかについて伝える。**
- **失敗の体験だけに終わらないように気をつける。**

NG回答

私が失敗した体験は様々あるのですが、１つは高校２年生のときに弓道の部活動でチーム戦で敗退してしまったことです。とても悔しい思いをしました。もう１つは大学１年のときにオンライン授業

が続き、新しい友人を作るきっかけがつかめなかったことです。このことを後悔して、今挽回しているところです。

Dさん

失敗の体験を２つではなく１つにして、もっと具体的にどう次に生かしたのかを説明してほしいです。

渡部先生

そうですよね。大学時代のことに絞って、どのように感じ、この体験をどう次につなげて行動しているのかを伝えるようにしましょう。

OK回答

私が失敗した体験は、大学１年のときにオンラインでの授業が続き、新しい友人を作るきっかけがつかめなかったことです。１年生のときだったので、講義をビデオオフで受講していることが多く、同級生と話す機会がとても少なかったのです。自分から積極的にオンラインの活動やSNSを使った発信などをしなかったことも原因だと感じていました。もっと積極的に場を探せばよかったという思いを残さないように、２年生になってからはファストフードのアルバイトを始め、サークルにも入るようにし、オンラインでも人と話すように意識しました。今もできるだけ人と交わることを積極的に行うようにしています。この経験からやろうと思ったらすぐ行動することが大切だと学びました。

苦手な人が周りにいたらどのように対応しますか？

類似質問例

- もし、あなたの職場に苦手だなと思う人がいたとしたら、どのように接しますか？　それはなぜですか？
- あなたが苦手だと思う人はどのような人ですか？

質問の意図

- 苦手だと思う人の傾向を知りたい。その人にどのように努力してコミュニケーションをとるのか知りたい。
- なぜ苦手だと思うのか、どう対応することが必要だと考えているのか知りたい。

回答のポイント

- 結論としてどんな人が苦手だと感じ、どのように接する努力をするかについてまず伝える。以前のエピソードを説明するのもよい。
- なぜそのようにすることが大切だと思うのか、理由も伝える。
- 苦手だと思う人は誰にでもいるはずなので、「いません」と頭から否定する必要はない。

NG回答

　私はあまり苦手だと思う人が周りにいないので、職場で仕事に就いてもどんな人ともうまくやっていけるのではないかと思っています。仕事ではいろんな考えや年代の人と関わりながら物事を進めていくので、この強みを生かしていきたいと考えています。

Bさん

この答えだと質問の意図を理解していないように感じます。でも、本当に「いない」と思っている場合はどうすればいいのでしょうか。

渡部先生

今までの人間関係ではうまくやっているのかもしれませんが、「あまり多様な人たちと関わった経験がないのだろうか」と受け取られるかもしれませんね。ちょっとイラっとした、話しかけにくかった、年代が違う人と話していて困ったことなど、１例をあげてみるとよいと思います。採用側が知りたい面を伝える回答にしましょう。

OK回答

私はあまり苦手と思う人が周りにいなかったのですが、人の意見をあまり聞かず、自分の意見を主張する人にちょっとイラっとすることがあります。高校の文化祭の活動のときにそういう人がいました。他の人もその人と接することを避けているように感じたので、一度柔らかくですが「一緒に協力してやっていく必要があるのだから、みんなの意見ももう少し聞く時間を作ろう」と伝えました。チームで協力しながら１つのことを成し遂げていくことが重要だと考えていますので、私はなるべく人と人の間をつないで物事がスムーズに進むように努力しています。

自己PRの話し方

自己PRは、3章でも見てきたように、あなたが「自分のよいところ」や「長所」「強み」をどのように自覚しているのか、なぜそう言えるのか、根拠として努力してきた行動を聞かせてほしい、そしてその長所や強みを入社してから自社の仕事でどのように発揮できそうかが知りたいという質問です。強みや長所は1つに絞り、必ず「どのように努力してきたのか、どう工夫してきたからそう言えるのか」がわかる具体的なエピソードを話すようにしましょう。

面接ではESに記入している長所や強みについて、より具体的な事例をプラスして話せばよいのですが、「他にはありますか？」といくつも聞かれることがあります。ESの内容だけでなく、3つか4つはアピールするものを準備しておきましょう。

3章で改めて自己分析をしたときに、複数の強みを見つけてあると思います。「私にはそんなアピールするようなことがない」「自分に自信がない」という人がいますが、他人と比較するのではなく、自分自身の中で

✓目的達成力よりは問題解決力のほうが強い

✓1人で粘り強くやり遂げる、よりは協調性のほうが強い

✓発想力よりは緻密さのほうが強い

のように「よりこちらが強みかな」と思うものを伝えていけばよいのです。

3章の内容も参考に話してみましょう。

自己PRチェックリスト

以下にあげた自己PR内容の例は、4章であげたどの企業にも求められる能力です。自分の得意な部分だ、強みだ、と思うものにチェックし、エピソードを書き出してみましょう。

□ 問題を解決する力

□ 目標を持ってやり抜く力

□ 主体的に行動する力

□ 周りを巻き込んで物事を進める力

□ 思いやりを持って人を支援する力

□ 期限までに必ず完成させる力

□ 計画的に実行し、やり遂げる力

□ 客観的に物事を認識、分析する力

□ 相手の話を共感しながらよく聴く力

□ 物事に柔軟に対応する力

□ 粘り強く目的に向かって努力する力

□ 人とよい信頼関係を作る力

□ 自分から意見を提案し、実行する力

□ 前向きな姿勢で努力する力

□ 困難があっても乗り越える力

□ チームで協力し物事にあたる力

□ 自分から人と積極的に関わり連携する力

□ ユニークな発想やアイデアを提案する力

自己PR質問例①

あなたの強みは何ですか？

類似質問例

- 自己 PR を○分間でお願いします。
- 自己紹介をしてください。
- あなたのセールスポイントは何ですか？
- あなたの長所はどんなことですか？
- 自分のどのような点が好きですか？

では、みなさんにそれぞれの自己 PR を話してもらいましょう。もう 1 つ重要なことは、4 章を参考に志望する業界や企業を調べ、求められている力によりマッチするものを優先で話していくことでしたね。ここでも、それを意識してやってみましょう。

Aさん

私は、業界では志望先を絞っていませんが、「たくさんの人と関わりその人たちの暮らしに役立つ仕事」ということで、専門商社の総合職の仕事に応募しています。その自己PRとしてこんな内容を考えています。

Aさんの自己PR

私の強みは、どんな人ともよい信頼関係を作っていけることです。その強みを大学のオープンキャンパスの説明会での仕事で発揮しました。高校生が大学を選ぶために見学に来る場所がオープンキャンパスですが、始めは不安そうに、表情がなく話を聞いている高校生がほとんどです。私が積極的に話しかけるようにしたところ、だんだんその子たちが目を見て質問をしてくれるようになりました。お礼を言って帰っていく人もいました。この体験から、積極的にコミュニケーションをとることの大切さを学びました。

結論からはっきり伝えて根拠もプラスしているのはよい点ですね。オープンキャンパスのエピソードはもう少し詳しく説明するようにしましょう。

✓この仕事を何回ぐらい行ったのか、どのぐらいの期間行っていたのか
✓どのように思って行動していたのか
✓何名ぐらいの高校生と話をしたのか
✓どんな話しかけをしたのか
✓どんなお礼を言われたのか

といったことも入れて伝えると、より具体的にわかりやすくなります。また、「どんな人ともよい信頼関係を作っていける」という強みの表現を修正してみるとよいでしょう。「絶対」「すべての」「どんな人とも」などの主観的な数量の言葉を使うと、「どうしてそう言えるの？」と採用側は疑問に思うものです。エピソードの内容と合わせて「積極的に多くの人と」などとするとよいでしょう。専門商社の業界の企業には求められる力なので、業界にマッチしていると思いますよ。

Bさん

僕は、やっと１つに絞って詳しく語ることに慣れてきました。航空関係の貨物の企業の総合職の面接に行く予定です。こんな自己 PR を考えていますがどうでしょうか。

Bさんの自己 PR

私の強みは相手の話を共感しながらよく聴くことです。この強みは現在も３年間続けているコーヒーショップのアルバイトで培いました。このアルバイトは土日やお昼休みの時間などに忙しくなり、お客様が大勢並んでしまうことがよくありました。限られた時間の中で速くコーヒーを提供できることが求められますし、お客様が少ない時間にはゆっくりと会話を楽しむ方に合わせて対応することも必要です。始めは自分の役割を覚えることで精一杯でしたが、だんだんと両方のお客様の動きに柔軟に行動することができるようになりました。いろいろとコーヒーを選びたいお客様のご要望をお聞きして、商品を提案しています。この経験から、相手に合わせた対応をすることの重要性を学びました。これからの仕事にも生かしていきたいです。

順序立てて話すことを意識できていますね。結論の強みから説明しているのもよい点ですが、このエピソードは「相手の話を共感しながらよく聴く」強みとマッチしているでしょうか。話の内容から、「そのときの状況に合わせて柔軟に行動できる力」や「相手のニーズに柔軟に対応する力」などの表現のほうが合っているのではないかと考えます。

強みの言葉をもう一度見直してみましょう。

根拠となるエピソードには、もう少し、

- ✓自分がどんな思いで頑張ったのか
- ✓急いでいるお客様の対応、相談したいお客様への対応をどのように工夫したのか

をプラスすると具体的になります。

Cさん

私は技術職志望ですが、今までアルバイトのエピソードを多く記入していました。でも、志望業界や企業が求めている専攻してきた学業面に関わるエピソードも必要だと考えて自己 PR を作成してみました。どうでしょうか？

Cさんの自己 PR

私の強みは他の人と積極的にコミュニケーションをとりながら物事をやり遂げる力です。この力を機械製作のグループワークの科目で発揮しました。専攻している学科では、自分たちでテーマを決めて６か月間で作品を４名で作り上げる自主製作のプロジェクトがありました。コロナ禍であまり人との協同作業ができなかったのでやってみようと手をあげて参加しました。うまく協力できず四苦八苦しましたが、なんとか期限内に１つの作品を完成させることができました。みんなで協力して作り上げたことに達成感を感じました。この力を貴社の技術職でも役立てていきたいと思います。

専攻している内容のエピソードを伝えているのはよいと思いますよ。強みも求められる力の中の１つだと考えます。なぜやってみようと思ったのか、自分の気持ちも説明していますね。

見直してほしいのは、エピソードの具体性です。

✓「うまく協力できず四苦八苦しましたが」→どんな困難があったのか。それに対して何をどのように工夫したのか。

✓「他の人と積極的にコミュニケーションをとりながら」→実際に何をどのように行って努力したのか

を、もっと伝えるようにしましょう。

Dさん

僕は理系専攻ですが、総合職を志望しています。将来はマーケティングに携わりたいのです。コンビニエンスストアの面接での自己PRをこのように考えてみました。

Dさんの自己PR

私の強みは広い視野を持って問題を分析し、解決策を提案していく力です。この強みを２年間続けている学習塾のアルバイトの中で得ました。私は中学２年生６名の指導を受け持っていますが、生徒の中に数学の成績がとても悪い生徒がいました。そこで、まず、雑談や、好きなこと、趣味につての質問を多くするようにしました。マンガやゲームの話、バスケットなどのスポーツの話がたくさん出てきたので、数学の問題にも工夫を加えました。ゲームの内容を取り入れてクリアできたらレベルが上がる、など楽しみながら行えるようにし、できるようになったらほめるようにすると成績が30点以上アップし、だいぶ数学の基礎の理解が進みました。この経験から、問題解決には幅広い視点で情報を集めることが大切だと学びました。

この業界の仕事で求められている力の１つを、強みとして語っていると思います。具体的なエピソードを１つ伝えているのもよい点ですが、もう少しどんな課題を感じたから雑談や質問を多くするようにしたのか、困難だった問題について説明するとわかりやすいですね。なぜ雑談や質問を多くしようと考えたのか、どのように思って取り組んだのか自分の思いや考えについてもプラスするようにしましょう。

Column

就活をしていて疲れてしまったら

就職活動をしていて、なかなか出口が見えずに疲れてしまう人がいます。試験勉強や大学のレポートなどと違って、就職活動というのはS・A・B・C・Dのような評価が返ってくるわけでもなく、面接で話した内容についてのフィードバックをもらえるわけでもなく、いわゆる「お祈りメール」が来るだけなので「これがいつまで続くんだろう」と凹んでしまうこともありますよね。

そんなときにおすすめしたいのが、私のようなキャリアコンサルタント（CC）に相談することです。

みなさんの大学のキャリアセンターや就職課にもCCが在籍しているのではないでしょうか。予約制になっているかもしれませんので、早めに申し込み、小さなことでも不安や相談を伝えてみましょう。一人で抱え込んでいるよりも、次への改善策を一緒に考えてくれるはずです。

大学の相談窓口は混んでいてなかなか予約が取れない、という声も聞きます。そんな場合は新卒応援ハローワークなどの公共サービスや、マイナビ新卒紹介のようなエージェントもあります。SNS上でCCが「学生の応援をしたい」「相談があれば言ってね」と呼び掛けている場合もありますので、誰かに悩みを話してみる場を作りましょう。ただし、SNSのアカウントは企業がチェックしていることがありますので、ＳＮＳ上で相談せずにダイレクトに連絡をするほうがよいでしょう。

周りからどんな人と言われますか？

類似質問例

- 周囲の人からどのような点が長所だと言われますか？
- 人からほめられたり認められたりしたことはありますか？

質問の意図

- 自分の強みを周囲に向けて役立てているか、周囲とどのような交流がある人か知りたい。
- 周囲からの声を自身も受けとめられているか知りたい。

回答のポイント

- マイナス面ではなく、長所や強み、プラス面について伝えている。
- 言われたことがたくさんあったとしても、１つか２つに絞って伝える。
- 結論だけでなく、なぜそう言われたのか、具体的に説明する。
- 「自分ではそう思っていない」など周りの声を認めないような卑下した発言をする必要はない。周りからの反応を素直に受けとめて、客観的に自分を認識した上で話すようにする。

NG回答

私は周りの人によく「まじめだ、努力家だ」と言われます。自分ではそれほど努力家だと思ったことはないのですが、高校、大学で授業を１日も休んだことはありません。必ず出席していることからそのように言われるのかなと考えています。

Aさん

わざわざ謙遜する必要はないし、出席していることそのものではなくて、そのことでよい成績がとれたとか、内容がよくわかったとか、努力した成果を伝えたほうがよいのでは？

渡部先生

とても謙虚な人柄なのでしょうが、ここはもっと素直に感謝して周りの評価を受け取りましょう。もう少しどのように努力してどんな結果を導き出したのか説明するとよいですね。

OK回答

私はよく周囲から「一生懸命努力する人だ」と言われます。高校のときもそうでしたが、大学に入って自分の興味がある学問を深く調べていくことが楽しくて、受講している科目に直接関わらないものも含めて、歴史の本や論文、自己啓発の本などをたくさん読むようにしていました。授業の課題レポートも早めに取りかかり、段取りをつけて締め切りギリギリにならないように作成していました。熱心に受講していたためだと思いますが、授業の内容やわからないところをよく友だちに聞かれました。人に教えると自分もよく理解できるので、自分でも友だちに説明をするようにしています。私が自覚しているのは、「向上心や好奇心が高く努力するタイプだ」ということですので、周囲が思っているのと同じことかと思います。

あなたの得意なことや特技は何ですか?

類似質問例

- 得意な分野はどのようなことですか?
- 得意なことはどのようなことで、弊社の仕事にどのように役立つと考えていますか?

質問の意図

- 「長所」「強み」という性格的なものや取り組み姿勢を含むものではなく、学んでいる技術や語学、プログラミングなどのスキルで得意なことがあるか確認したい。
- スキル習得のためにどのように努力したか過程を知りたい。
- 得意なことや特技を自社の仕事に活かせるかどうか知りたい。

回答のポイント

- クリエイティブな企画職やメディアの制作の仕事など突出した個性が求められる職種志望の場合は別と考える。
- そうではない仕事を志望する場合は、PC スキルやホームページ作成などの IT スキル、プログラミングの知識、英語、中国語などの語学、会計知識など、どの組織でも勉強しておくと役立つスキルについて１つ伝えられるようにするとよい。
- スキルを伝えるだけでなく、どんな興味からどのように身につけたのか具体的に説明するようにする。
- なるべく応募する仕事でどのように生かせるか結び付けて伝える。

NG回答

私が得意なことは、筋力トレーニングです。大学に入ってから運動をする量が減ったので始めました。動画を見ながらトレーニングを毎日しています。半年間続けているので、身体つきがだいぶ変わってきました。

Cさん

まず、仕事と結び付けて伝えたほうがいいですよね。どのような目標で始めたのか、どんなふうに工夫したのかも具体的に説明したほうがいいと思います。

渡部先生

そうですね。体力づくり、健康づくりという面では仕事に役立つこともあると思いますので、これを伝えるのなら納得してもらえるように説明をしましょう。

OK回答

私が得意なことは体力づくりや健康を維持することです。高校では水泳部で活動していましたが、大学に入って運動することが少なくなり、健康的に生活したいと家で毎日トレーニングを始めました。YouTubeの動画を探して毎日見ながら30分トレーニングしています。また、できるだけ外を５キロ走るようにしています。１年間続けたところ、体重が６キロ落ち、体脂肪率も大きく減少しました。社会人になってから食生活は大切だと思いますので、栄養をバランスよく取ることや、お菓子を食べすぎないことなども気をつけています。今からこの習慣を身につけることは、健康的に仕事を続けていくことにとても役立つと考えています。

Column

こころを元気にするコツ

この本では面接の前にやるべきこととその方法を様々に紹介してきましたが、ここではとても簡単で、これからの仕事にも役立つ「こころを元気にする方法」をお伝えしたいと思います。

それは、身体を動かしてみることです。人のこころ（精神）と身体と脳はつながっています。笑顔にしていると楽しくなってくる、と解説したことも一緒ですが、落ち込むことがあったとき、がっかりすることがあったときなどに、まず立って、あごを上げて上を向いてみるようにしましょう。

人の姿勢はそのときの精神状態と関係しています。落ち込んでいると無意識に下を向いてしまうと思いますが、上を向いて、ついでに両手を開いて大きくバンザイ！してみると、気分が変わってくるのではないでしょうか。できたら外に出て、空に向かってやってみるとよいですね。

そして、「スキップ」をしてみましょう。みなさんが幼稚園や保育園のときによくやった、あのスキップです。片足ずつ左、右、左、右と1分ぐらい手も振りながらやってみてください。

1分もするとだいぶ身体もほぐれてきて熱くなってきたかもしれません。落ち込んでいたさっきのことが何だったか、思い出せなくなっている人もいるでしょう。気分転換に運動するとよい、と言われるのと原理は一緒です。とても簡単なので、集中して物事に取り組んでいる際の気分転換に役立ててみてください。

志望動機の話し方

志望動機はどの企業でもES、面接ともに必ず聞かれる質問です。3・4章でも見てきたように、

✓なぜこの会社や業界、仕事に興味を持ったのか、この会社で意欲的に働いてくれそうな人かどうか知りたい
✓内定を出したら、うちの会社を選んで必ず入ってくれる人かどうか知りたい

という質問ですが、同時に、

✓うちの会社の風土や文化、やり方に合わせてくれる人かどうか知りたい
✓うちの会社の中で長期的に成長し、いい仕事を成し遂げてくれそうな人か、そういった思いがある人かどうか知りたい

という意図もあります。

必ず企業ごとの特徴や興味がある点、やってみたい仕事などについて詳しく調べ、その企業に向けて話す練習をするなど準備しましょう。ESに書いた志望動機の内容を中心に伝えてよいのですが、1次→2次→3次と進むにつれて自分の思いや考えも深まっていくと思います。前回どのように話したのかを思い出してメモしておき、次に活用するとよいでしょう。

なぜ当社を志望するのですか？

類似質問例

- 当社の志望動機をお聞かせください。
- なぜこの業界の中で当社を志望するのですか？
- 当社のどんな点に魅力を感じますか？
- ○○社（同業他社）と当社を比較してどう思いますか？

回答のポイント

■ ESの内容と矛盾しないように一貫性を持って伝える。

■ ESの表現をそのまま暗記したようには言わない。

■志望する理由についてなぜそのように考えるのか、説明を具体的に伝える。

■自分の経験や興味、価値観、強みなどとどのようにマッチしているのか結び付けて話すようにする。

■志望理由は最大でも３つまでに絞る。

■志望理由は、仕事への興味やこの企業の事業内容への関心を優先に伝える。自分の待遇面や会社の安定性などを第一にしない。

NG回答

私が貴社を志望した理由は、貴社の「お客様のために最大限の努力をし続ける」という理念に大変共感したためです。説明会で社員の方のお話を伺い、大変感じよく質問にも答えていただき、この会社でなら協力し合って働きやすいのではないかと思い、志望しました。

Dさん

志望理由が漠然としていてどの企業にも同じように言っているのではないかと思ってしまいます。自分のどんな面が生かせるのか、もっと伝えたほうがいいですよね。

渡部先生

はい。企業理念を理由に伝える場合には、なぜそれに共感したのか、自分の考えや今までの行動とどう結び付くのかを説明する必要があります。説明会で理解したこと、感じたことや事業・仕事への関心をもっと盛り込んでほしいですね。

OK回答

私が貴社を志望した理由は大きく2点あります。1点は、以前から社会に役立つ医療器具を開発製造する貴社の事業に大変魅力を感じていたことです。業界の中でも優れた技術を特徴とする企業で、世の中に貴社の製品を必要としている人がたくさんいる、そのために最大限の仕事の改革や改善に取り組んでいるというお話を説明会でもお聞きし、大変意義があり、やりがいのある仕事だと感じました。私は技術職ではありませんが、組織の一員として貴社の事業がもっと認められ、発展していくように力を尽くしたいと考え応募しました。もう1点は、社内で協力し合いながらよりよい仕事をしようとする風土が根付いていると社員の方からお聞きした点です。チームワークを重視し、周囲と積極的に関わりながら物事を進める私の強みを生かせる企業だと思い、ぜひ働かせていただきたいと考えるようになりました。

他社の選考状況を教えてください

類似質問例

- 他にどういった企業に応募していますか？
- 当社が第一志望でしょうか？
- もし内定が出たら、当社に入社していただけますか？

質問の意図

- この応募者の他社の試験の状況を知り、自社の志望度が高いかどうか、他に行ってしまわないかどうかを探りたい。
- どんな企業に応募しているのか、他の企業は現在どんな面接を行っているのか、今後の採用活動の参考に知りたい。

回答のポイント

■率直に現在の状況を伝えて問題ないが、面接している企業が第一志望だと伝えるようにする。

■できるだけ同業界の企業について伝える。違う業界の企業について話す場合は、面接している企業との共通点を見つけて説明するようにする。

■本当に自社が第一志望か突っ込まれることは大いにあるので、何度も確認された場合の説明をしっかり用意しておく。

NG回答

はい、同じ人材業界の企業４社と土地開発の業界の企業２社、証券会社１社、都市銀行で１社、書類選考が通過し、１社が次に２次面接の予定、1社は最終面接の予定、他はこれから1次面接を受ける予定です。

Aさん

こんなに全部話さなくてもいいし、もっと志望を伝えたほうがいいと思います。

渡部先生

応募している業界や企業を全部を言う必要はないので、同じ業界の企業中心に、もう1つの業界についての説明程度に留めましょう。なぜこの企業がよいと感じているのか、もっと志望の熱意を伝えるようにしましょう。

OK回答

はい、貴社と同じ業界の人材サービスの企業を6社ほど受けましたが、4社書類選考を通りました。貴社の他に2次面接の予定が1社、最終面接の予定が1社あります。他の業界では銀行と証券会社にそれぞれ数社応募し、銀行1社、証券会社1社で面接の予定があります。人によりよいサービスを提供し続けていくという面では金融業界にも共通点があり応募をしましたが、私はできれば人材サービス業界で人のキャリアに関わった仕事がしたいと考えています。その中でも、学生や転職者に活用しやすい新しいサービスを提供しており、若手が提案をしていきやすいと伺い、貴社でぜひ仕事をしていきたいと志望しています。貴社が第一志望のため、どうぞよろしくお願いいたします。

3年後5年後のキャリアプランをどのように考えていますか？

類似質問例

- 当社でどのようにキャリアを積んでいきたいですか？
- 当社で3年後、5年後はどのような仕事をしていたいですか？
- 当社でどのように成長し、将来はどのようになりたいですか？

質問の意図

- 自社への興味があり、しっかり企業の特徴や仕事内容について研究している人かどうか知りたい。
- 漠然とした入社の動機ではなく、長期的な目標を自分なりに考えているかどうか知りたい。

回答のポイント

- **漠然としたものではなく、自分なりにこの企業の仕事内容を調べた上で考えを伝える。**
- **プライベートの充実を含めてもよいが、そちらの話がメインにならないようにする。**
- **その企業が求めている力を確認した上で、成長していくキャリアプランを伝えるようにする。「ずっと同じ難易度の仕事をしていきたい」は新卒の正社員の仕事で期待されている働き方ではないことを意識して話す。**

NG回答

まず入社後は新入社員として基本の仕事の仕方をしっかりと覚え、

１年後には１人立ちして自分で判断ができるようになっていたいと思います。３年後は後輩に指導ができるようになっていたいですし、５年後は志望している商品開発の仕事に携わっていきたいです。

Bさん

現実的な目標から急に５年後の商品開発の仕事に飛んでいるように感じます。もう少し、取り組みたい仕事について調べたほうがいいのでは？

渡部先生

確かにまず仕事を覚えることも大切ですが、ほとんどの企業で「指示したことができるようになればいい」とは考えていません。先輩社員のキャリアの積み方や仕事の経験の仕方などをできるだけ調べ、この企業でどんな道筋を進んでいきたいか、それはなぜか説明するようにしましょう。

OK回答

私は将来貴社の商品開発の仕事に携わりたいという目標を持っています。もちろん希望した人がみななれるとは思っていませんし、努力が必要なことも理解しています。そのために、まず営業の現場を知ること、商品について知ること、お客様の購買行動について理解することなどが重要だと考えています。１年目は教わったことをとにかく早く吸収し、自分の判断で責任を持って現場で動けるように成長したいと思います。２年目以降は商品開発の仕事に向かっていけるように様々な知識やスキルを勉強して積み重ねていきます。後輩には自分が学んだことをしっかりと教えられるようになりたいです。そして、５年後までには貴社の新しい商品の提案に携われるようにアンテナを張って企画を考え努力していきたいと思います。

志望動機質問例④

当社でやってみたい職種はありますか？

類似質問例

- 入社したらやりたい仕事はどのようなものですか？
- 希望の職種はありますか？
- 将来やりたい仕事はどんなことですか？

質問の意図

- 様々な部門や職種があるため、どのような興味を持っているか知っておきたい。
- なぜやってみたいのか理由を知りたい。
- もし、希望の仕事に配属されなかった場合、どのようなモチベーションになりそうか把握しておきたい。

回答のポイント

- 企業によって①「希望がある程度配属に反映される会社」、②「一応希望は聞くが、必ずしもその通りにならない会社」の２種類があるので、傾向としてどちらなのか調べ、答える内容を決める。
- ①の場合、なぜ希望するのか、理由をしっかり伝えるようにする。自分の生かせる強みもアピールするようにする。
- ②の場合、難しい場合があることは理解していると伝えた上で、なぜ希望するのか、熱意を語るようにする。すぐでなくても将来的にやりたいという意志を伝える。
- 「言われた仕事はなんでもやります」は言わないようにする。

NG回答 ※前ページの②の会社だった場合として回答

いえ、特にありません。私は貴社がお客様に対して高品質のサービスを提供し続けようとする姿勢に大変共感し志望していますので、どのような仕事でもしっかりと取り組みたいと考えています。

Cさん

一見OKのような気もしますが…、でも興味や思いについて企業側は知りたいんですよね？

渡部先生

会社自体に魅力を感じたとしても、社員の人に話を聞いたり企業研究をしたりすると、仕事に対する自分の考えが浮かんでくるはずです。唯一の志望ではないと伝えつつ、自分の思いや考えは説明してみましょう。

OK回答

はい、どの職種にも魅力を感じているのですが、私は特にホテルセールスの仕事に携わりたいです。私は貴社がお客様に対して高い品質のサービスを提供し続けようとしている姿勢に共感し、ぜひ他社ではなく貴社のホテルでプロフェッショナルなサービスができるようになりたいと考えています。ホテルの仕事を調べていくうちに、法人のお客様やご結婚式のような大勢の方々にパーティーやイベント企画をご提案するセールスの仕事があることを知りました。個人個人のお客様だけでなく、多くの方々に楽しい素敵な時間をご提供できるスケールの大きなやりがいのある仕事だと感じています。入社後すぐには難しいのかと思いますが、努力をしてスキルを磨き、将来は担当させていただけるようになりたいです。

その他の「志望動機」の質問例

他には以下のような質問も考えられます。

あなたが当社で実現したいことは、どのようなことですか?

「やりたい仕事は？」と似ている質問になりますが、もっと長期的な大きな目標のことを聞いています。どのような仕事で社会や地域にどんな貢献がしたいのか、大きな視点で目指すものを考えてみてください。

当社の印象を教えてください

しっかり企業研究をしてきてくれているか、どのような興味を持った人なのかを聞く質問です。魅力だと思った印象を伝え、その理由を説明し、そこでどのように働きたいのか自分と結びつけましょう。

当社の悪いところはどのようなところでしょうか

逆に改善点や欠点、新たな事業の提案などを聞かれることもあります。企業研究でマイナス面の特徴も調べておきましょう。自分の意見をしっかり話す必要がありますが、大切なのは第三者的な批判だけにならないことです。自分がこの会社の一員として取り組みたいことと関連づけて伝えましょう。

転勤が多い仕事ですが、大丈夫ですか？

大企業の総合職の場合、転勤は避けられないことも多々あります。その覚悟を聞く質問です。問題ないこととそう考えている理由を説明するようにしましょう。

ご両親は当社に就職することについてどのようにお考えですか？

あまり有名ではない企業、中小企業などに多い質問です。応募者は入社を志望していても、親が反対する場合があるため大丈夫かどうか確認したいのです。最終面接前には親に就職先について自分の希望を伝える話し合いをもっておくことをおすすめします。

希望する仕事や部署に配属されなかったらどうしますか？

一般的には、配属は必ずしも希望が通るわけではないと理解していることを伝え、配属になった部署で努力し、将来的に希望する仕事に就く機会を得たいと伝えるのがおすすめの回答ですが、総合商社のように最初の配属でほぼ携わる仕事が決定する業界もあります。どうしてもその事業に関わりたいと熱意を伝えるほうがよい場合もあるので、できれば先輩などに情報をヒアリングしておきましょう。

Q. 面接の「逆質問」では、どんなことを言えばいいでしょうか？ もしくは、言ってはいけないものもありますか？

A. 最近の面接では、この逆質問は必ずと言っていいほど聞かれます。「何もありません」と答えないように用意しておいてください。

逆質問の意図や質問のポイント、おすすめの例などを見ていきましょう。逆質問が多く聞かれるのは、

①先輩訪問

②リクルーター面接

③２次面接

④３次（最終）面接

といった場面です。どの面接であっても最後に「何か質問はありますか？」と聞かれます。

1 先輩訪問での逆質問

先輩訪問の場合は、学校の先輩などにその企業の情報を聞かせてもらう場ですので、むしろ学生が聞きたいことをたくさん質問することがメインになります。必ず事前に質問したいことを整理して臨むようにしましょう。

基本的には聞きたい内容を率直に質問してよいのですが、いくらOB・OGとのお話の場だとしても、先方の会社側の人です。みなさんの態度や口調、言葉づかい、表情などもよく観察されています。企業によっては、この訪問も「面接」として人事に報告がいく場合もあります。

✓ネガティブな不安を相談するような質問は避ける
✓その先輩の仕事内容や配属先、先輩の思いなどの話を必ず聞く

ことを意識しましょう。

2 リクルーター面接での逆質問

２章で説明したように、応募した会社やインターンシップに参加した会社から「勉強会に参加しませんか？」「面談がありますので受けてください」などのコンタクトがある場合をリクルーター面接と呼びます。

人事の人ではなく、その会社の若手社員や様々な職種の社員の人と話をすることになりますが、

✓集団面接で、「勉強会」のように面接練習やGD練習などをオンラインで行い、フィードバックをくれるタイプ
✓コロナ禍以降少なくなったが、食事や飲み会などの場で学生数名とその会社の社員がざっくばらんに話をするタイプ
✓本当に面接形式で通常に応募者に対する様々な質問があるタイプ

などの種類があります。

いずれも学生を選ぶことが目的で面接の一種として行われていますので、①と同じく本音丸出しの言葉にはならないように気をつけましょう。

✓「御社での○○さんの仕事のやりがいはどのようなことですか？」

✓「なぜこの会社に入社しようと思われたのか、決め手はどのようなことだったのでしょうか？」

✓「御社と○○さんの価値観や考え方が合っているな、と思われるところはどのようなところでしょうか？」

✓「この会社の好きだな、と思われる点はどんな点ですか？」

✓「逆に、この会社がもう少しこう変わればいいのに、と思われる点はどのような点でしょうか？」

など、あくまでもリクルーター個人のキャリアや仕事の内容、考え方などを質問し、参考にするとよいでしょう。

3 2次面接での逆質問

２次面接は複数の面接官が担当することが多い面接です。面接の最後に「何か質問は？」と聞かれる場合が一般的ですが、最近では、面接内容を逆質問で構成する企業もあります。

学生がこの企業について興味を持って深く調べてきているかどうかを探るために、あえて「質問をしてください」と学生にふるのです。こういった場合は、2、３の質問だけでなく、この企業の事業内容などについて決算短信、IR情報も含めきちんと調べ、疑問を持って臨まなければなりません。

ネットで、昨年のその企業の面接がどのようなものだったのか、情報を調べてみてください。もし、逆質問が非常に多く要求される企業だった場合は10個以上の質問を用意しておくようにしましょう。また、ホームページに書かれていることや面接の中ですでに面接官が説明した内容について、初めて聞くことのように質問するのは避けましょう。

✓「面接官の方にお伺いしたいのですが、御社で仕事をしている上で、やりがいや誇りに思っていらっしゃることはどのようなことでしょうか」
✓「〇〇を勉強しようと考えているのですが、この内容は御社の仕事に役立つでしょうか」

のような仕事内容やキャリアについての質問を先にし、「他には？」「他には？」と何度も聞かれる場合には、

✓配属について希望はどのぐらい叶うのか
✓今までの新卒の学生の多くはどのような仕事から始めているのか
✓残業などは実際のところどのぐらいあるのか

などの待遇や条件面の質問をしてもよいと思います。

4 3次（最終）面接での逆質問

最終面接は、合否の決定権がある役員や部長クラスの人たちが面接官を担当します。逆質問を求められたら、企業の今後の方向性や求める人材についてなど、大きな概念について確認する質問をするほうがよいでしょう。
「残業はどうなのか」「職場での人間関係はどうか」など細かい種類の質問をするのは不向きな場ですので気をつけましょう。

Q. 他に、思ってもみないような変わった質問がくることもありますか？

A. 大きく分けると２パターンあります。質問されて戸惑わないように、志望業界によっては特に準備をしておきましょう。

1 応募者の柔軟性を知りたい場合

次に紹介する「高圧的な質問」と似ていますが、事前に応募者が考えてこないような質問をして、とっさにどのように答えてくるか知りたいと考えている場合の質問です。

✓「生まれ変わるとしたらどんな人生にしたいですか？　それはなぜ？」
✓「あなたを動物にたとえるとしたらどんな動物ですか？」

などのような質問です。

１つの正解があるわけではありませんので、自分がどのように思うのかについて結論からはっきりと答え、その理由を伝えられればOKです。このような質問はすべて準備ができるものではないと思いますが、普段から何かを見たら（例：雨の日の朝、新聞の大きなニュースなど）どのように感じるのか、何を考えるのか、なぜなのか、を言葉にする練習をするとよいでしょう。

社会人になると多様な世代や価値観の人と話し合いながら仕事をしていく必要があります。広い視野を持てる人かどうか、コミュニケーションが取れる人かどうかを知りたいと採用側は考えているのです。

2 企画系、デザイン系、メディア系などのクリエイティブ職志望の場合

もう1つは、広告、デザイン、新聞、テレビなどで感性を使ったものを作り出す職種を希望する場合です。

記者、編集者、番組制作の仕事、広告制作の仕事などは、自分の感覚を磨き、新しいアイデアを発想することや、直感で「これがいい」と判断して作り上げていくことが必要ですし、組織で他の人と一緒に制作していく過程において言葉でその内容を表現することも重要になってきます。採用側としては、そのようなクリエイティブな発想力やポテンシャルがあるかどうかを知る必要があるのです。

このような職種を志望する人は面接の前に行われるESや筆記試験である程度ふるいにかけられていますが、面接でもユニークなアイデア、表現などを求められることがよくあります。

- ✓「自分にキャッチフレーズをつけるとしたらどのようなものか」
- ✓「自分を花にたとえると何か、それはなぜか」
- ✓「新しいゲームを作るとしたらどんなものか、なぜか」
- ✓「日本の中でこれからバズりそうな地域はどこか、それはなぜか」
- ✓「世界中どこにでも行けるとしたらどこがよいか、なぜか」
- ✓「世界一おしゃれな街といえばどこか、それはなぜか」

など、日頃から自分の中で新しい考えを発想するトレーニングをしていくようにしましょう。特に学業でクリエイティブな専攻の学部ではなかった人は意識して練習しておくことをおすすめします。

Q. 圧迫面接のようなことはあるのでしょうか？

A. 最近は非常に少なくなってきましたが、中には圧力を感じるような面接や質問の内容もあるかもしれません。ポイントを押さえておきましょう。

学生の回答につっこみが入り、
「それは本当はあまり考えていなかったんじゃないの？」
「うちの会社は非常に厳しいからそのぐらいの経験だと通用しないかもしれないよ」
のような高圧的な質問（意見）が出される場合、2つのケースが考えられます。

①応募者が思ってもいないような言葉を伝え、どのように向き合って感情的にならず反応するかを見たいと意図的にしているケース
②面接官が採用にあまり詳しくない、トレーニングを受けていないなどの理由や、その人本人の傾向で厳しい言い方をしてしまっているケース

です。いずれもみなさん自身のスキルや能力に疑問があるわけではないので、冷静に受けとめ、深呼吸をして「はい、おっしゃることもその通りかもしれません」などと対応し、その後に自分の意見を落ち着いて伝えるようにしましょう。また、後者だったとしても、その人1人の印象で「この企業は高圧的なんだ」と決めつけないように注意しましょう。

こんな質問をされたときは④ 入社の意思を問われたら

Q. 複数の企業で内定が出て、面接の中で「今日決めてほしい」と言われることもあるのですか？

A. 採用選考については、横並びで内定の時期がくるわけではないので、この問題は起こりがちです。対処の方法を知っておきましょう。

まず、内定は承諾後に辞退することも可能です。内定承諾書や誓約書に法的な強制力はないので、署名をしたとしても断ることはできます。

「きょう内定を出すので承諾書にサインしてほしい、就職活動を終えてほしい」と面接の場で企業に言われ、その企業への入社を考えているのであれば、申し出を受ければよいと思います。ただ、まだ他の企業も検討したいのなら、一旦サインはしますが就職活動は続けましょう。

企業の人事担当者に「私は○○業界（○○職）を志望しており、貴社にもとても魅力を感じているのですが、他に迷っている企業があります。そちらの面接も進んでいるので、最後まで活動してから入社する企業を決めたいのです」などと理由を話して理解を求めましょう。

最近は、学生の意思を尊重し、「納得してから決めてほしいので待ちましょう」と言ってくれる企業も多くあります。礼儀は尽くす必要がありますが、考えはきちんと伝えるようにしてください。もし内定をもらったのに他社に入社を決めた場合には、早急に連絡し誠意を込めておわびをしましょう。

おわりに

みなさん、お疲れ様でした！　ここまでたくさんの準備をしてきましたが、よく頑張りましたね。

この本を活用し、面接についてこれだけ用意をして、採用側が知りたいこと、意図していることを理解し、練習するポイントを把握したのですから、基本的な内容についてはもう大丈夫です。

あとは、できるだけ実際に声に出して話してみることが大切です。最初にもお伝えしましたが、話すことはある意味スポーツと同じです。身体を使って実際に口から発声し、トレーニングすればどんどん上達します。お辞儀の仕方、あいさつ、笑顔などの見た目の印象についても、ぜひ友だちや家族などに協力してもらい、練習を重ねていきましょう。

私は、今までとても多くの学生のみなさんの就職活動をサポートしてきました。その中には、緊張して最初は何も話せなかった人や、自分が志望する業界、企業が決められない人、自分に自信がなく、強みがなかなか言えない人、具体的にエピソードが思い浮かばない人など様々な人がいましたが、話す練習以外で言えば、大きく２つの部分のどちらかを掘り下げていけるとうまくいくことがわかってきました。

もうお分かりかと思いますが、１つめは、自分自身についてよく知ることです。

PART3で詳しくやってきたように自己分析をしっかりと整理し、自分自身について語れる材料をできるだけ出していきましょう。自分の経験だけでなく、思いや考え、興味、価値観なども書き出して伝えられるようにしてくださいね。

もう１つは、応募する企業１社１社について調べたり研究したりし、採用側の人が何を知りたいのか、できるだけイメージしてみる、相手を知ること。

「こんなに頑張っているのに、どうしてうまくいかないんだろう」と悩む人の多くがここでつまずきがちです。どの企業にも同じ志望動機、同じ内容の答え、というのでは納得してもらえない部分がありますので、「この企業はどんなことを知りたいのだろう？」と相手側のポジションに立って常に考えてみるようにしましょう。そんなときにこの本は非常に活用できるはずです。

今、みなさんは、就職活動と学業の両立で大変なことも多いことでしょう。ただ、その大変な就活を試行錯誤しながら乗り切った人が、たくさんのものを得てきた例を、私は数多く目にしてきました。

こうやって努力し、行動していることは決して無駄ではないのです。「何も考えずに内定取れるところでいいや」ではなく、自分がやりたいことや将来目指したいことを真剣に考え、動いた人は、ここで大きく成長していきます。面接での話し方も、就職してからの仕事上のプレゼンテーションや論理的な話し方、相手とのコミュニケーションなどにとても役立つものです。これからの社会人生活に必要な力を磨いているのだと思って取り組んでみてください。

みなさんが納得できる仕事に就けることと、その先のみなさんの充実した社会人生活を心から応援しています！

[著者]
渡部 幸 Miyuki Watabe
合同会社アクトクリア代表。キャリアコンサルタント（国家資格）、全米NLP協会認定トレーナー、産業カウンセラー、ＮＬＰプロフェッショナルコーチ。
青山学院大学国際政治経済学部国際政治学科卒業。高級専門店での接客販売、商品開発、教育系企業での営業統括マネージャーを経験後、アパレル専門店企業で人事総務部門人材開発責任者として社内の職業能力開発体系を構築。独立後はキャリアコンサルタントとして、ひとりひとりにフォーカスし、イキイキと仕事をする人を増やす支援を実施。大学や大手就職サイトの合同説明会、公共就職支援機関などでキャリア開発、就職・転職支援のセミナー、個別面談、応募書類添削を実施するかたわら、企業の採用支援や企業内研修、キャリアコンサルティングも行っている。これまでの支援実績はのべ6万人。自らの豊富な経験と心理学を用いたメンタルアップ法を駆使した実践的な指導に定評がある。DVD『採用のプロが教える　はじめてのオンライン面接と採用選考のテクニック』（日本法令）、著書『1週間で面接に自信がつく本』（ナツメ社）、『採用側の本音を知れば就職面接は9割成功する』『わが子が就活を始めるときに読む本』（KADOKAWA）などがある。
ホームページ https://actclear.net/
※大学1～3年生のための「人生に役立つ学生サポート就活講座」（無料、ボランティア講座）の申し込みもホームページから受付しています。

採用側《さいようがわ》のホンネがわかる
就職面接完全対策集《しゅうしょくめんせつかんぜんたいさくしゅう》

著　者　渡部《わたべ》　幸《みゆき》
発行者　佐藤　靖
発行所　大和《だいわ》書房
東京都文京区関口1-33-4
電話　03-3203-4511

まんが・イラスト　熊野友紀子
カバーデザイン　石間 淳
本文デザイン・DTP　荒井雅美（トモエキコウ）
DTP　長倉顕太、天龍社
校正　メイ
本文印刷　シナノ印刷
カバー印刷　歩プロセス
製本所　ナショナル製本

ISBN 978-4-479-79801-9

https://www.daiwashobo.co.jp
X-2001-01